어업기술

오창현

20

도서출판
해남

어업기술

초판1쇄 인쇄　2025년 9월 23일
초판1쇄 발행　2025년 9월 30일

저　자　오창현
발행인　노현철
발행처　도서출판 해남

출판등록　1995. 5. 10　제 1-1885호
주　　소　서울특별시 마포구 마포대로8길 9 영명빌딩 405호
전　　화　739-4822
팩　　스　720-4823
이 메 일　haenamin30@naver.com
홈페이지　www.hpub.co.kr

ISBN　978-89-6238-820-6　93320

이 저서는 2021년 대한민국 교육부와 한국학중앙연구원(한국학진흥사업단)을 통해 K학술확산 연구소사업의 지원을 받아 수행된 연구임(AKS-2021-KDA-1250002).

머리말

이 책은 개항 이후 한국의 다양한 어업기술의 전개 과정을 이론적으로 조망하는 것을 목표로 하고 있다. 해양수산부 산하 기관이나 국립수산과학원에서 발간하는 어구도감류나 각종 어업 해설서를 기대한 독자들에게 이 책의 구성이나 내용은 매우 낯설게 느껴질 수 있다. 일단 책을 펼치면 어구의 구조나 도면이 나오지 않기 때문이다. 이 책은 공학서가 아니라 기술문화사, 조금 더 구체적으로 말하면 어업기술의 변화를 문화 변동이나 지속과 관련지어 논의하고 있다.

나는 인류학 박사로서 세부 분야로 민속학을 연구해 왔다. 민속학은 연구자 자신이 직접 현장 연구를 하거나 다른 사람이 현장을 기술한 자료를 근거로 사람들의 생활양식과 그 변화를 연구하는 학문이다. 여기서 현장 연구란, 간단히 말해 연구자가 삶의 현장에 들어가 사람들을 만나 직접 듣고 느

낀 것에 토대해 연구 자료를 생산하는 것이다. 현장 연구는 문화인류학에서 발전한 대표적인 질적 연구 방법 중 하나로, 생생한 현장의 모습을 기술하거나 문헌 자료가 적은 미시생활사 연구에 적합하다. 이 책을 읽는 독자들도 이 책의 곳곳에서 어선어업에 종사하였던 어민들이 자신의 경험을 생동감 있게 구술하는 부분을 발견할 수 있다. 이 책은 어업기술 연구라 해도 어구의 도면이나 구조를 파악하는 것이 아니라, 어구를 사용하거나 어구를 변용하는 주체인 어민의 논리를 쫓아가고 있다.

이 책은 서민들의 일상생활과 그 변화에 관심을 두는 민속학적 관점에서 출발하였다. 다만, 서술 방식이나 목적은 일반적인 민속학 연구의 그것과 비교해 독자에게 다소 생소하게 느껴질 수 있다. 보통 민속학 연구자는 사람들이 일상생활 속에서 사용하거나 사용하였던 사물들을 이해하여 사람들의 생활양식과 그 변화 과정을 규명하려고 한다. 그런데 이 책은 일반적인 민속학적 연구와는 정반대 방향에서, 다시 말해 생업이나 소비 관행에 대한 이해를 통해 어구 사용이나 기술 관행의 맥락을 이해하고, 나아가 그 변동 과정을 규명하는 방식으로 서술

되어 있기 때문이다.

다른 한편으로 이 책은 어민이 말하는 바나 어업기술의 형태를 기술하는 것을 넘어서, 그 이면의 역사문화적 함의를 탐색한다는 점에서 기존의 어업기술 연구와 차별성을 갖는다. 사실 20세기 후반의 문화인류학 계열의 연구들은 유무형의 기술이나 사물에 부여된 관념이나 의미에 깊은 관심을 가져왔다. 그러나 일상에서 이루어지는 다양한 행위들은 개개인의 의식적인 판단보다는 무의식이나 체화된 관습에 따라 이루어지는 경우가 대부분이다.

예를 들어, 특정한 어구나 어업기술을 생업 현장에서 일상적으로 사용하고 있는 어민일지라도 그러한 어구를 그러한 방식으로 사용하게 되는 이유를 의식하거나 심지어 논리적으로 설명하지 못하는 경우가 많다. 실제로 현장에서 어민들에게 해당 어업기술을 사용하는 이유나 원리를 물어보면, 단지 편하니까, 이게 잘 잡히고 좋으니까, 싸고 튼튼하니까라고 하는 소박한 효율성의 논리를 듣는 경우가 더 많다. 오히려 이러한 기술 선택과 사용 관행은 행위자의 설명이 아니라, 연구자가 넓은 시야에서 역사적 과정을 설명함으로써 비로소 사회문화적 의미를 가지게 된다.

이 책은 어업기술을 일상생활과 관련지어 설명하기 위해, 인간과 비인간 사이에서 이루어지는 연속적인 관계에 주목한다. 일상생활은 사물(도구)을 사용해 사물을 생산·운반·소비하는 연속적인 과정으로 구성된다. 어민의 활동 역시 어패류를 어획하고 적절한 운송수단으로 운반하고 소비하는 일련의 연속적인 과정으로 이루어진다. 이러한 관점에서 어업기술은 독립적으로 존재하는 별개의 구성요소가 아니라, 이 연속적인 일상생활을 구성하는 일부가 된다. 그리고 이러한 연속적인 과정에 주목하다 보면, 인간과 문화, 나아가 물고기와 바다 등의 비인간 행위자가 연속적인 과정을 만들어 내는 결절점으로 더 선명하게 드러나게 된다. 이러한 관점에서 이 책은 한국과 일본 사람들의 식문화 선호와 소비 관행, 서해의 조류, 해류, 기후, 그리고 물고기 등의 비인간 행위성을 고려하면서, 20세기 전후 어업기술과 전개 양상을 설명하고자 한다.

근대기 어업기술의 변화 양상을 서술한 이 책이, 어업기술을 단지 기계공학이나 재료공학 등의 공학적 영역으로만 인식해 온 독자들에게 어업기술이 인문학적 연구 대상이기도 하다는 사실을 발견하는 계기가 되었으면 한다. 또한 인문학에는 친숙하지만 민속학에 낯선 독자들에게는 문화인류학적 현장 연구에 기반한 기술문화사의 가능성을 보여 줄 수 있기를 기대한다. 마지막으로 이 책이 완성되는 과정에서 조언과 격려를 아끼지 않은 목포대 사학과 정재현 교수께도 감사의 말씀을 드린다.

2025. 9
오창현

차례

들어가며

이 책의 제목을 '어업기술'이라고 붙였지만, 이 책에서 다루는 어업기술은 매우 제한적이다. 우선, 연안 가까운 곳이나 수심이 얕은 해저에 어구를 고정해 물고기를 어획하는 정치어업, 동력선의 도입 이후 급격히 성장한 기선저인망이나 건착망 어선어업, 광복 이후 급성장한 원양어선 등은 다루지 않는다. 여기서 말하는 어선어업은 돛을 달거나 노를 저어 바다로 나아가 낚시나 그물로 물고기를 어획하는 방식, 동력선을 사용하더라도 규모가 상대적으로 작은 연근해 어업에 한정된다.

시기적으로 보면, 이 책은 1876년 이후부터 20세기 중후반까지 어선어업 분야 등에서 일어난 어업기술의 변화 양상을 고찰하고 있다. 지역적으로는 한국의 바다 환경을 크게 동해, 남해, 서해, 그리고 제주 연근해로 나누어 본다면, 이 책은 이 중에서도 전라남도 이북 서해 어선어업만을 다룬다.

한반도의 서해, 남해, 동해는 수심, 수온, 조류, 조수간만의 차 등 자연환경이 뚜렷하게 달라진다. 또한 한반도 동쪽의 태백산맥과 소백산맥에서 발원한 압록강, 대동강, 청천강, 한강, 금강, 영산강 등 큰 강들은 동고서저의 지형을 따라 동에서 서로 흐른다. 그래서 서울, 공주, 전주, 광주, 나주, 진주, 경주 등의 주요 도시는 해안에서 멀지 않아 조류의 영향을 받는 내륙에 위치해 있었다. 한강과 낙동강처럼 500km가 넘는 긴 강의 경우에는 원주나 대구, 상주, 안동처럼 하구로부터 200~300km 이상 들어간 내륙에도 도시가 성장하였다. 바다에서 어획된 해산물은 이 강들을 통해 강을 따라 중하류의 주요 도시까지 운반될 필요가 있었다.

조선 후기 어업기술과 관련해서는 도시의 성장도 영향을 미쳤지만, 인구의 확산으로 전국 각지에 장시(場市)가 개설되어 해산물이 활발하게 거래되었다는 점이 더욱 중요하다. 그러나 시장이 발달하기 이전에도 해산물은 이미 상당한 거리를 이동해 소비되고 있었다. 조선 초기에도 지역 토산물을 한성으로 운반하여 소비하거나 재분배하는 중앙집권적 경제 체제가 정착되어 있었기 때문이다. 왕실도와 강원도를 제외한 전국 1,053개의 정기시에 대한 정보를 담고 있는데, 이 중 95곳은 판매하던 어종의 이름까지 적시하고 있다. 독미어가 기록된 장시를 나열해 보면, 충남의 서산군 방길리장, 비인현 판교장, 염포현 양치장, 은진현 강경장, 온양현 읍내장, 전남의 장흥부 부내장, 흥양군 읍내장, 함평군 읍내장, 경북의 경주부 부내장, 영해부 부내장, 흥해군 읍내장, 영덕군 읍내장, 영천군 읍내장, 경남의 거제부 부내장, 거창부 부내장, 진해군 내포리장, 칠원군 성외장, 웅천현 읍내장으로 거창군을 제외하면 모두 충남, 전남, 경남, 경북 연안에 위치한 읍내 장시이다. 충청·전라·경상 삼남의 연안 15개 군에서 도미가 판매되고 있었음을 알 수 있다.

위에서 살펴본 것처럼 도미는 한반도에서 풍부하게 서식하는 어종이었고, 18~19세기 조선에서는 봄철 조기를 어획한 직후 도미를 '그물'로 어획해, 서울과 해주 등지로 운반해 계절 요리로 소비하고 있었다. 또 삼남의 연안을 중심으로 도미의 상품화도 상당히 진행되었던 것으로 보인다. 이러한 상품화에도 불구하고 도미가 15세기 중반 이후 공납품이나 제례품으로서의 상징적 의미를 부여받지 못하였다는 점에 주목할 필요가 있다.

도미의 상징적 지위는 조선 후기 왕실과 민간의 대표적인 의례품이었던 조기의 그것과 대조적이다. 왕실 공납품을 정리한 『공선정례』나 『만기요람』에는 전복 · 조기젓갈 · 대구 · 새우젓 · 황석수어 등과 함께 조기가 축일공상품(逐日供上品)으로 기록되어 있다. 또 『육전조례』(1866)를 보면, 조기는 매일 왕실에 공납되었고 대구와 함께 왕의 밥상에 매일 올라갔다. 왕실 향연에서도 조기가 사용되었는데, 순조의 모후인 순원왕후의 40세를 경축하는 향연을 기록한 『진작의궤』에 따르면, 숭어 · 건대문어 · 광어 · 오적어 · 대하 · 대구 · 홍어 · 상어 · 쏘가리 · 붕어 등과 함께 조기가 요리 재료로 사용되었다.

무엇보다 민간 제례품으로서 조기에 대한 수요는 상당히 광범위하고 전국적이었다. 『임원경제지』의 「예규지」에 따르면, 어물의 종류가 구체적으로 적시된 95곳 중 42곳에서 조기가 판매되고 있었다. 특히 조기 어획량이 많은 서안 지역뿐 아니라, 충북 온양, 평신(현재 충주시) 등 충청도 내륙과 경북의 인동(구미시), 경남의 담원(함안), 거창 등 경상도 내륙 지역에서도 유통되고 있었다는 점은 주목의 음식이나 의례에 소용되는 해산물은 조선 후기까지 중앙의 산하 관청(各司) 또는 지방 관찰사를 통해 조달되었다.

사실 나는 일찍부터 어촌에 관심을 가지고 있었지만, 어업기술 자체에는 그다지 흥미를 느끼지 못하였다. 2004년 경기 연안 어촌을 다니며 연구할 기회를 얻었고, 넓은 바다를 두고도 20세기 후반 전까지 갯벌 패류나 연체류 채취어업 외에는 어선어업이 거의 발전하지 않았다는 사실을 발견하였다. 이러한 관찰을 바탕으로, 2005년 연구 시작 단계에서는 서해의 넓은 갯벌이 간척, 채취어업, 염전 등의 다양한 생업 기회를 제공하기에, 오히려 어선어업의 발달을 저해하였다는 가설을 세우게 되었다. 그러나 2009년 충남 서천 서면에서 1년간 현장 연구를 진행하면서, 한국 어업기술의 역사적 전개 과정에 대한 시각이 크게 바뀌게 되었다.

서천 서면은 조선 초기부터 수군진이 위치하였던 곳으로, 한강과 임진강 하구 연안과 진도군 조도군도 일대와 함께 조선 말기 대표적인 전업 어촌 중 하나였다. 20세기 초반까지 이 지역에서는 20~30명이 한 배에 탑승하여, (현대 수산학에서는 두릿그물인) 대형 후릿그물을 싣고 전남 칠산바다에서 평북 압록강 하구까지 조기와 청어를 따라 이동하며 조업하는 소위 '원정 어업'이 이루어지고 있었다. 그러다 식민지기를 거치며 7~9명이 승선하여 반고정식인 안강망(74쪽 안강망 설명 참조)을 싣고 다니는 방식으로 전환되었다. 그러나 조선 후기부터 이루어지는 원정 어업 방식은 동력선이 도입된 뒤에도 1970년대까지 지속되었다. 이와 함께 어선과 어구의 소형화가 이루어지면서, 이 지역에는 과거에는 거의 없던 3~4인용 돛단배나 주낙 어구 등의 새로운 어구가 보급되었다. 식민지기 중반에는 일본 수출을 위한 김 양식업이 전면적으로 도입되어 청어 어업을 대신하여 겨울철 생업으로 확고하게 자리 잡았다. 다시 말해, 이 지역에서는 처음부터 생계형 어업이 아니라 상업적 어업이 자리 잡고 있었고, 어종이나 시장 상황에 따라 어업기술이 신속히 변화해 왔다.

어업은 본질적으로 수렵 활동의 일종이지만, 한국 어업을 이해할 때는 어업이 일찍부터 어민이나 이웃 집단의 수요를 넘어, 광역 수요에 대응해 발전해 왔다는 점을 의식할 필요가 있다. 어업이라고

하면 흔히 떠올리는 생계형 어업은 물고기가 서식하는 곳이면 어디든 존재하는 매우 오래된 생업 형태이지만, 특정 물고기를 대량 포획하는 어업기술의 발달은 국가 시스템과 긴밀하게 연결되어 있다.

이러한 관점에서 선사인류학자인 브라이언 페이건은 *Fishing*(2017)에서 이집트, 고대 중동 국가, 크메르왕국, 중세 유럽 등에서 대량 어획 어업이 발전한 배경을 분석하고 있다. 고대국가에서는 대규모 사업에 투입되는 노역자나 관리에게 식량을 공급하기 위해 대량 어획 어업이 필요하였으며, 남획이나 기후 변동에 따라 어족이 감소하거나 좀 더 안정적인 식량 공급을 위해 점차 근해 어업이나 양식 어업기술이 발전하였다. 또한 중세 가톨릭교의 주기적인 육식 금지나 일본 에도 시대 불교 정책과 같은 종교적 요인도 대량 어획 어업 발전에 영향을 미쳤다. 특히, 중세 유럽의 거대한 어물 수요는 15세기 이전부터 유럽 어민의 북아메리카 어장 진출이나 중세 유럽 어물 유통시장의 확대를 촉진하였다.

한국에서도 어업은 광역 시장 변동과 밀접하게 관련되어 전개되었다. 조선시대 이전부터 어업은 공납제의 일환으로 존재해 왔으며, 이는 국가 분업 체계와 밀접한 관계를 맺고 있다. 따라서 특정 지역의 어업기술과 변화는 지역 시장만으로 설명되지 않으며, 오히려 중앙이나 시장의 요구에 따라 광역 단위에서 이루어지는 어업, 가공, 유통의 분업 체계를 이해하는 것이 중요하다. 이는 특정 어종에 대한 선호가 사회적 필요에 따라 형성된다는 의미이기도 하다.

그런데 이러한 특정 어종에 대한 수요는 동시에 문화적 배경에 깊이 뿌리내리고 있다. 나는 이 점을 이웃한 일본의 어업 발달 과정과 식민지기 어업을 연구하면서 더욱 강하게 인식하게 되었다. 2006년부터 일본의 어업기술을 공부하던 중, 오사카부 남부 와카야마현에 위치한 한 어업협동조합을 현장 답사할 기회가 있었다. 당시 협동조합 직원으로부터 이 지역에서 어획된 갈치가 일본에서는 가격이 낮아 주로 한국으로 수출된다는 이야기를 들었다. 한국에서는 고급 어종으로 취급되지만, 일본에서는 가치가 낮은 생선이라는 점, 즉 갈치에 대한 한국과 일본의 상이한 선호가 양국 간 갈치 교역의 배경이 되고 있음을 알게 되었다. 이러한 현장 경험은 개항 이후부터 식민지기에 걸쳐 작성된 한국 어업기술에 대한 일본인들의 자료를 새롭게 해석하는 계기가 되었다.

식민지기 어업 구조와 관련하여, 요시다(吉田敬市)는 1954년에 발간한 『조선수산개발사』(朝鮮水産開發史)에서 일본이 조선 수산업을 성공적으로 개발한 요인으로 풍부한 자원과 바다 환경의 유사성, 어업경영의 적지화와 합리화, 어획물의 처리에서 조선 어업의 유리함 등 세 가지를 들고 있다. 그러면서 가장 핵심적인 성공 요인으로 바로 일본이 새로운 어물 시장으로서 조선 어민에게 이른바 '발견'되었다는 점을 들었다.

요시다는 "통어(通漁) 이래 일본인이 어획한 수산물은 모두 일본인을 대상으로 하였으므로, 어획물은 모두 일본으로 수송"하였는데, "조선에서 나는 어족이 조기, 명태 등과 같은 것으로 일본인이 선호하는 어족이 아니고, 또 소비지 일본이 없었더라면 통어 시대는 물론이고 그 이후의 발전"이 나타날 수 없었을 것이라고 하였다. 그래서 조선 수산업은 "일본의 입장에서 보면 하나의 대성공을 거둔 것"이고 "한국인이 새로운 소비지를 개척하지 않는 한, 일본과의 공존 관계에서 벗어"날 수 없을 것이라고 판단하였다. 즉, "이런 관계는 앞으로도 변함이 없어 한국은 일본으로부터 어선, 어구 등의 자재를 구매하고, 일본은 한국으로부터 각종 수산물을 구하는 온갖 교환의 경제적 협력을 통해 비로소 달성"될 수 있다고 하였다.

위와 같은 관점은 조선 어업을 단순히 일본 시장의 부속물로 보는 것으로, 이는 일본인 중심의 시각을 그대로 반영하고 있다. 개항기 이후 일본 어민의 월경(越境) 어업의 논리를 확장해 식민지기 조선의 수산업이 일본 시장에 종속되어 있었다는 점을 강조한 것이다. 개항 이후 조선의 어업기술 발전을 균형 잡힌 시각에서 분석하기 위해서는, 조선 어민들이 본래 기대어 왔던 조선 내부의 대중적 선호를 고려해야 한다. 이를 통해 조선의 어업기술의 변화가 단순한 외부의 이식이나 수탈의 결과가 아니라, 내부의 역동성을 반영한 과정이었음을 보다 명확히 설명할 수 있을 것이다.

이와 관련하여 경제학자 김낙년이 『일제하 한국경제』(2003)에서 제시한 관점은 주목할 만하다. 그는 식민지기 한국 경제를 두 가지 큰 시각으로 정리하였다. 첫째는 식민지 지배를 민족 문제로 바라보는 관점이다. 이 관점은 다시 두 갈래로 나뉜다. 하나는 일본 자본의 진출로 형성된 제국주의 경제가 확대되면서 민족 경제가 왜곡되거나 위축되었다고 보는 시각이다. 다른 하나는 제국주의 경제와 식민지 경제가 별개의 이중 구조를 형성하였다는 견해이다. 이에 따르면, 수출 산업이 성장하더라도 이는 제국주의의 요구에 따른 것이었기에 식민지 주민 대다수의 생활과는 큰 관련이 없었다고 본다. 또한 이 관점 내에서도 식민지 경제를 수탈과 개발이 동시에 이루어진 결과로 보며, 개발 측면에 더 주목해야 한다는 입장도 존재한다.

나는 어업을 생계형이 아니라 전체 국가 시스템의 일부로 보아야 한다는 브라이언 페이건의 주장에서 더 나아가, (일제에 의해 주도된) 동아시아 시장 변동이라는 관점에서 식민지기 어업을 바라볼 필요가 있다고 생각한다. 미시적인 변화를 단일 경제권을 넘어서 거시적인 구조 속에서 바라보는 관점은, 식민지기 한국 어업의 전개 과정을 설명하는 데 필수적이다. 이는 김낙년이 주장하였듯이 식민지기 한국 경제를 독립적인 국민 경제 단위가 아니라 제국의 한 지역으로 다루면서, 일제의 자본 수출이나 제도 이식이 식민지 조선에서 어떻게 수용되어 갔는지를 분석하는 작업과 연계된다.

광역 변동에 대응한 내부의 능동성에 주목하는 관점은 일본 내에서도 나타난다. 경제학자 사와이·다니모토(沢井実·谷本雅之)는 2016년에 발간한 『일본경제사』(日本経済史)에서 산업 발전에 있어서 일본의 내적 동력을 강조하였다. 일반적으로 산업 발전은 농업에서 이탈한 노동력에 기반한다고 보지만, 일본에서는 소농경영을 기반으로 한 노동과 도시·농촌의 잠재적 수요가 새로운 기술과 결합하여 산업 발전을 이끌었다. 근대 공업 발전에서 대공장제가 중시되면서 중소경영이 구축되어야 한다는 입장과 중소경영이 대경영에 의해 대체되거나 재편되어야 한다는 입장이 있지만, 사와이·다니모토는 일본 산업에서 소규모 경영체가 함께 성장하였다는 점을 강조한다.

또한 그들은 일본의 산업 발전이 근세 소농 사회의 특성을 계승하면서, 19세기 후반 이후 구미 선진 자본주의 국가에서 도입한 기술을 동력으로 근대적 경제 발전이 중첩되며 일어난 것이라고 주장한다. 즉, "각각 고유의 논리를 가진 두 가지의 경제 발전의 상호 작용의 과정," 즉 "복층적 경제 발전"이었다고 평가하였다.

사와이·다니모토는 "근대 산업에 포함되지 않는 산업 경영에도 고유한 발전 논리가 있으며, 이를 파악해야 한다"고 주장하였는데, 이는 이 책의 서술 방식과도 유사한 면이 있다. 그들은 개항 이후 일본 산업 발전이 아시아 경제 관계의 재편 속에서 기존 소농 사회와 새로운 산업이 각자의 논리로 대응한 점을 강조하였다.

이에 반해 식민지 조선의 관점에서 출발하는 이 책에서는, 일본 해산물 시장에 대응하기 위해 일본에서 개발된 어업기술이 조선에 전파되었으나, 결국에는 조선의 해산물 시장에 맞도록 변용되는 과정을 조명하고 있다. 이는 개항 이후, 특히 식민지기 조선이 제국에 포함되면서도 일정 수준에서 독자적인 지역을 유지하였던 것과 마찬가지로, 일본도 제국 내부의 한 지역으로 바라볼 필요가 있음을 시사한다.

또한 일본 내수 시장뿐 아니라 일본 상인과 어민을 경유해 한반도 남부 지역에도 큰 영향을 미친 중국의 소비 수요도 고려할 필요가 있다. 나아가, 이러한 관점에서는 서구의 기술 전파를 당연하게 받아들일 것이 아니라, 일본이 서구의 영향을 받아 어업기술을 도입하거나 개발한 사회문화적 배경도 분석할 필요가 있다. 결국, 개항 이후 및 식민지기 어업기술의 변화를 설명하기 위해서는 일제의 어업제도나 기술 이식 정책뿐만 아니라, 수요를 구성하는 사회문화적 요소까지 고려해야 한다는 점을 시사한다.

이 책은 일본 어민이 일본과 중국 시장에 대응하며 조선해로 진출하여 자신들의 어업기술을 전파하는 과정을 살피고 있다. 동시에 조선 어민이 일본·중국뿐 아니라 조선 자체의 해산물 수요에 대응하여 새로운 어업기술을 능동적으로 변형하는 과정을 조명하고 있다. 이러한 역동적 변화 과정은 여러 가지로 구별되는 문화적 논리가 작동하며 다양한 생산 기술, 유통 관행, 소비문화가 구조적으로 엮이며 전개되는 과정이기도 하였다. 식민지기 어업기술의 변화를 통해 각국의 어민들이 해산물 시장의 변화에 적응하는 동시에, 다양한 자연·기술·거래 관행 등의 조건에서 경쟁하는 과정을 이해할 수 있다.

이렇게 본다면 식민지 조선 어업기술의 변화가

일본 시장에 대응하는 과정이었다고 단언한 요시다의 관점을 넘어서, 조선과 중국 내에서 작동하였던 소비문화의 논리, 나아가 다양한 비인간 행위자(물고기, 해류, 조류, 기후 등)까지도 어업기술의 변화를 결정짓는 주요 변수로 고려할 수 있다.

마지막으로, 이 책은 어업기술이 기반하는 가장 중요한 요소인 시장 수요와 이것을 만들어 내는 일상생활에 주목할 필요가 있다고 주장한다. 이 책에서는 한국과 일본의 '민족 관습'(ethnic customs) 개념을 활용하여 시장 수요와 소비문화를 설명하려 한다. 이러한 접근에서는 민족은 고유하거나 선험적인 대상이 아니라, 특정한 관습을 실천하고 소비하는 과정에서 드러나는 실체이며, 오히려 사회문화적으로 규명되고 설명되어야 할 대상이다.

다시 말해, 조선(한국)과 일본 해산물 시장은 개항 이후 일본 제국의 형성과 시장 통합에 따라 상호 영향을 미치게 되었다. 이러한 상호 영향이 양국의 계층적 소비문화나 민족적 소비의 확대와 같이 양국의 일상생활에 의해 추동된 것이라면, 개항 이후 빠르게 전개된 어업기술의 변용이나 새로운 기술의 수용 과정은 단순히 '발전'이나 '전파'로 설명될 수 없다. 오히려 이 책이 제시하는 바와 같이, 이러한 과정은 보다 복합적인 사회문화적 맥락 속에서 이해되어야 한다.

이 책은 위의 관점이 잘 드러난 기존 연구논문을 각각 1부와 2부로 새롭게 편집하고 수정·보완한 것이다(오창현 2024a; 2015). 두 논문은 문화인류학적 현장 연구를 바탕에 둔 어업기술과 구체적인 기술 과정뿐만 아니라, 민속적 소비 관습·상징·자연환경·유통 구조 등을 함께 다루고 있다. 나아가 구체적인 어업 형태와 기술 변화가 국가, 민족, 동아시아, 그리고 글로벌 분업 체계 속에서 규정되어 전개되었다는 점을 보여 주고자 하였다. 다시금 강조하지만, 이러한 접근은 기술 변화가 단순히 자연환경이나 경제적 효율성만으로 설명될 수 없는 사회문화적으로 복합적인 현상임을 시사하는 것이다.

1

개항 직후 어업기술의 전개 방향

일본에서 메이지 유신과 함께 막부체제가 붕괴되면서, 일본 어업 환경은 큰 변화를 맞이하게 된다. 일본 어민의 조선해 월경 어업은 지리적으로 한반도와 가까운 서일본을 중심으로 이루어졌다. 당시 통어 배경을 살펴보면, 우선 국가가 통제하던 대청무역(對淸貿易)이 자유 판매로 전환되었고, 이에 대청무역품을 조달해 온 일본 어민들은 제한된 물량을 넘어 이윤을 추구할 수 있게 되었다. 여기에 1875년에는 「해면관유선언」(海面官有宣言)이 선포되어 기존의 관습적 어장권이 부정됨에 따라, 구관에 의해 유지되던 일본 내 어장 제도에는, 특히 여러 어장이 중첩되어 있던 서일본 세토내해에서는 일대 혼란과 분쟁이 야기되었다(岡本信男 1965: 62~66).

조선해에서 일본 어민의 합법적인 조업은 1883년 「조일통상장정」(朝日通商章程)이 체결된 이후 시

「해면관유선언」

일본 바다는 국가(정부)의 소유임을 선언한 조치이다. 메이지 유신(1868년) 이후 이루어진 국가 경제력을 정부로 집중시키는 일련의 조치이다. 이 조치를 통해 근대적 어업 관리 체계를 도입하여, 바다에서 이루어지는 모든 경제 활동(어업, 자원 개발 등)을 국가의 통제 아래에 두고자 하였다.

「조일통상장정」 제41관(1883. 7. 25 체결)

「조일통상장정」은 1876년 「조일수호조규」 이후 맺은 통상에 관한 협정이다. 이 조약을 통해서 조선 측은 관세자주권을 잃고 수출입 물품을 자주적으로 규제할 권한을 상실하였다. 이 조약의 제41관은 어업 관련 조항으로, 일본 어민들이 조선의 전라, 경상, 강원, 함경의 4도 연안에서 자유롭게 어업 활동을 할 수 있게 하였다.

「조일통어장정」(1889. 11. 12 체결)

앞서 1883년 「조일통상장정」 제41관은 상호 어업이 가능한 지역만 설정하였을 뿐, 어세 및 기타 세금과 관련된 항목은 2년 후에 다시 논의해 정하기로 하였다. 이에 조선과 일본 정부는 1889년 11월 12일 「조일통어장정」을 체결하였다. 「조일통어장정」으로 양국 어민들이 서로의 해변 3리(약 12km) 이내에서 어업 활동을 할 수 있게 되었다.

주요 내용을 보면, 어업허가제가 도입되어 양국 어민들은 정부에 신고 후 허가증을 받아야 하며, 이를 소지해야만 어업이 가능하였다. 어선의 탑승 인원에 따라 차등 어업세가 부과되었다. 금지된 품목을 제외하고는 양국 어민이 어획한 어획물을 해당 지방에서 판매할 수 있다. 불법행위에 대한 처벌이 이루어졌으나, 일본에서는 일본 지방재판소에 제소하고, 조선에서는 일본 영사관에 제소한다고 규정하여 조선에게 불평등한 조약이었다.

작되었다. 그러나 실제 월경 어업이 시작된 것은 1870년 오이타현(大分縣)의 어민들이 상어 어업을 위해 출어한 것으로 「조일통상장정」보다 10년 이상 앞섰다(吉田敬市 1954: 159). 이러한 상황에서 서일본의 어민들은 종래에 사용하던 4인 이하의 소형 어선과 어구를 가지고 현해탄을 넘어와 한반도의 남부 해역에서 조업하였다. 이러한 사실을 두고 시노가와(新川傳助 1958: 112)는 일본 제국주의의 발전이 한반도에서 시작되었고, 일본 어민들의 조선 진출이 일본 제국주의에서 가장 선구적이었다고 평가하였다. 그리고 조선 월경 어업의 역사적 의의를 "일본 어업의 자본제 경영의 생성 발달에 선구적 역할"에서 찾았다.

일본의 어민들이 생명까지 위협받는 낯선 타국까지 출어해 온 것은, 메이지 유신 이후 일본 내의 급격한 경제 변동과 그에 따른 선인들의 생업 변화

|표 1| **일본 어민의 어업별 조선해 월경 어업 현황**

(단위: 척)

	상어 연승	도미 연승	잠수기	나체업	시바리망(縛網) 어선	수조망(手繰網)	멸치망 어선	삼치 어선	부속선(및 활주선)
1893	132	209	70	26	74	72	17	10	–
1894	72	86	85	44	82	51	–	5	–
1895	47	205	136	10	25	94	–	56	–
1896	94	160	162	12	–	94	101	104	–
1897	414		207	33	2	71	190	95	–
1898	137	278	62	44	2	60	138	114	94(12)

주: 1893년은 1~10월까지의 합계.
자료: 『통상휘찬』(1893~1898). 神曲丹路(2014: 41)에서 재인용.

라는 불안정한 일본 국내의 정세 때문이기도 하였지만(木村健二 1989: 30~66), 무엇보다도 조선 출어가 일본의 연안 어업에 비해 수익성이 높다고 하는 경제적 이익 때문이었다.

일본 어민들은 초창기에는 전복, 해삼 등을 잠수하여 채취하는 나체업이나 잠수기 어업과 함께, 도미 시바리망(縛網)•과 연승•, 그리고 상어 연승을 가지고 들어와 조업하였다(외무성통상국 1894: 2). 이후로 삼치 어선(대개 삼치 유망(流網)•)과 멸치망 어선 등이 급격히 늘어 어획 대상 어종이 점차 확대되었다. 당시 일본 어민들이 조선에 출어해 어획하였던 어종을 보면, 전복·해삼과 같이 조선과 일본 모두 선호해 비싸게 판매되는 해산물도 있었지만, 정어리(혹은 멸치)나 새우처럼 조선과 일본 모두 선호하지만 가공 방법이나 소비 방식이 다른 어종도 있었다. 또 도미·상어·삼치처럼 양 민족의 기호가 완전히 갈리는 어종도 있었다.

삼치·도미·상어 등은 조선 연안에도 풍부하게 서식하지만 조선 어민은 적극적으로 어획하지 않았다. 조선 어민들이 이 어종들을 적극적으로 어획하지 않았던 것은 그것들을 선호하는 조선인이 많

시바리망: 두릿그물의 일종으로, 크고 기다란 띠 모양의 그물로서 어군(魚群)을 둘러친 다음에 감싸서 끌어올려 어획하는 방법.

연승: 흔히 주낙이라고도 하며, 긴 낚싯줄에 여러 개의 낚시를 달아 물속에 늘어뜨려 물고기를 어획하는 방법.

유망: 유자망을 지칭하는 것으로 그물을 내려 바다를 떠다니게 두었다가 물고기가 그물코에 걸리거나 그물에 감싸이면 끌어올려 어획하는 방법.

지 않거나 전국적으로 유통되지 않아 상품성이 떨어졌기 때문이다. 이러한 선호 어종의 차이는 일본인들이 '조선 진출'을 위해 19세기 후반 조선의 연근해를 조사하고 작성한 여러 보고서들을 통해 엿볼 수 있다.

> 일한 양 국민의 기호를 비교해 보면 양 국민이 어류를 좋아하는 것은 거의 비슷한 정도라고 할 수 있지만, 그 종류에는 다소 차이가 있다. 예를 들어, 삼치는 충청도 연해에서는 우어(憂魚)라고 칭하며 기피하는 경향이 있고, 또 도미는 한국인의 수요가 많지 않은 것은 아니지만 일본과 같이 그것을 귀중하게 여기지 않아 그 가격이 매우 싸다. 붕장어, 갯장어●, 참서대(くつぞこ) 등은 그것들을 잡아서는 인건비조차 나오지 않는다(下啓助 · 山脇宗次 1905: 65).

갯장어 혹은 바다장어: 사실 한국에서 장어를 구분하는 사람은 많지 않다. 일상생활에서 오히려 일본어를 그대로 사용하는 경우도 많다. 일본어로 붕장어는 아나고(あなご)를, 갯장어(혹은 바다장어)는 하모(はも)를 말한다. 뱀장어 혹은 민물장어는 우나기(ウアギ)를 말한다.

위의 기사는 일본인과 한국인이 어류를 선호하는 정도는 비슷하지만, 선호하는 어종에는 차이가 있다고 지적하고 있다. 명태·조기를 비롯해 대구·청어 등은 조선에서는 일본 동북부에서의 가다랑어처럼 전국적으로 유통되어 가격에 관계없이 소비되고 있었다(조선해통어조합연합회 1903: 33). "조선인이 선호하는 어류는 조기·명태를 중심으로 민어·

갈치·고등어·대구·청어·새우·조개 등인데, 일본인이 선호하는 도미·삼치 등은 거의 돌아보지 않았다"(吉田敬市 1954: 110).

그런데 월경 어업 초기 일본 어민의 어업은 그들이 일본 연안에서 사용하던 어구와 어선을 그대로 한반도 연안으로 옮겨온 것이었다(岡本信男 1965: 87~114). 즉, 조선해로 넘어온 일본 어민들은 일본 연안에서 그동안 어획해 온 그들에게 익숙한 어종을 어획하였다. 이렇게 조선해에서 어획한 어물을 운반선에 옮겨 실어, 일본 내수 시장으로 운반해 판매하면 '제값'을 받을 수 있었다. 그러나 운송수단의 미발달과 불완전한 어물 처리로 인해, 일본 어민은 조선 상인들에게 어획물을 넘길 수밖에 없는 경우가 많았다. 그런데 이 어종들은 조선인이 매우 낮게 가치를 부여하는 것이었기에 조선 상인에게는 '헐값'에 넘길 수밖에 없었다(神曲丹路 2014: 49~58).

> 어업의 이득을 외국인에게 빼앗기면서도 그것을 시기하는 것도 (제주도와 같이) 두세 지방을 제외한 외에는 그다지 심하지 않다. **오히려 일본 어민이 능숙하게 매우 많은 물고기를 잡아 저가에 그들에게 매각하기 때문에, 그들은 그것을 매수해 내지에 판매하는 소위 중**

> **매업이, … 편하다고 생각하는 것 같다.** … 토인(土人, 역주–현지인)이 어업을 하는 장소에 가서 일을 방해하거나 해조(海藻) 채취와 같이 직접 그들이 수입에 관여하는 것을 피해야만 하는 것은 두말할 필요가 없다. **조선해의 어업 이익은 이러한 토인의 싫어하는 바를 피하면 오히려 여유가 있을 여지가 있다. 단지 여지가 있을 뿐 아니라 오히려 아직 완전히 손을 대지 않은 것 같은 해면으로 네 도의 연안을 덮고 있다고 말하는 것도 불가능한 것은 아닐 것이다**(關澤明淸 외 1893: 104, 굵은 글씨는 저자 강조).

위의 인용문은 제주도민이 생산하던 전복·해삼처럼 어획 대상이 같아 조선인의 생업 활동에 영향을 주는 곳이 아니라면, 당시 조선해에서 어획된 상어·전복·해삼은 일본인을 통해 대부분 청국용 수출품으로 가공·판매되었다(神曲丹路 2014: 41~58). 또 조선의 관행만 침범하지 않는다면, 조선해는 전혀 손을 대지 않은 듯 무한한 가능성을 가지고 있는 곳이라고 하고 있다. 또 해상에서 물고기를 매입하는 중매업자는 일본 어민이 물고기를 저렴하게 팔기에 흔쾌히 매수한다고 하고 있다. 이러한 상황은 초기 일본 월경 어민(越境漁民)들은 조선 어민이나 상인들로부터 큰 저항을 받지 않고 조선 어장으로 들어올

수 있는 조건이 되었다.

그래서 일본 어민의 월경 어업 초기 "기호상의 차이에서 일본과 한국 양국인의 어업경영은 저절로 두 분야로 나뉘었다"(吉田敬市 1954: 110). 하나는 조선인이 선호하는 조기·명태·대구·청어·민어·준치 등의 어종이고, 다른 하나는 일본인이 선호하는 도미·삼치·장어·방어 등이다. 이러한 양국의 선호 차이는 한일 양국 어민의 어업기술상의 우열 관계를 통해 '물질적인 형태'로 드러났다. 1908년에 발간된 『한국수산지』I 에서 어종별 어구 및 주요 어장 현황을 적고 있는데, 일본인이 선호하던 어종만을 정리해 보면 표 2와 같다.

전복이나 해삼 등 조선에서 각종 분쟁을 일으키는 해산물도 있었지만, 양국의 선호가 극명히 갈리는 해산물도 있었다. 조선에서는 신과 조상에 바치는 공물로 인식되어 전국적으로 사용되던 조기와 명태는 한반도뿐 아니라 일본 열도의 연근해로도 회유하는 물고기였지만, 일본에서는 좁은 지역에 국한해 유통되었고 기껏해야 값싼 어묵을 만드는데 사용되었다. 또 일본 열도 서측인 동해 유역에서 많이 잡히던 대구와 민어는 조선에서는 대표적

|표 2| 1900년대 조선 바다에서의 일본인 어업 상황

어종	주요 어구 및 특징
① 도미	이 물고기는 원래 조선인이 그다지 즐겨 먹는 것이 아니므로 도미 어획에 종사하는 사람이 매우 적고 겨우 강원도 및 함경도 남부 연안에서 지예망으로 고기를 잡을 뿐이었다. 그런데 근년 일본 연승 어선이 가장 많이 내어하는 지방, 즉 부산, 마산, 제주도, 목포, 인천 및 진남포 등에 있어서는 이를 모방하여 연승을 사용해 어획하는 자가 나타나기에 이르렀다.
② 삼치	삼치는 조선 도처에 내유하지만, … 조선인은 종래 전업으로 본 어업에 종사하는 사람이 없었는데, 근년에 일본 통어자를 모방하여 유망 및 예승을 구입하여 여기에 종사하기에 이르렀지만, 그 수는 아직 많지 않다. 일본인에 의해 행해지고 있는 본 어업은 그 성대함이 도미 연승업에 다음 간다.
③ 방어	방어는 조선인의 기호에 적합하지 않으므로 과거부터 풍부하게 회유하였음에도 불구하고 이것의 어획에 종사하는 사람이 없었는데, 근년 일본인의 도래가 증가함에 따라 판로가 조금씩 열리기에 이르러 점차 이 어업에 착안하기에 이르렀다.
④ 상어	조선인이 본 어업에 종사하는 경우는 매우 드물어서 대부분 일본 어업자의 독점사업에 속한다. 현재 점점 쇠퇴하는 경향이어서, 수년 전의 성황을 볼 수는 없으나 조선에서 일본인이 경영하는 중요 어업임은 변함이 없다.
⑤ 장어류	갯장어: 조선인이 즐겨 먹는 것이 아니므로 이것을 어획하는 자가 적었지만, 근년 일본 어업자를 모방하여 도미 연승에 종사하는 자들이 도미의 어획이 적을 때는 전업(轉業)하여 갯장어를 어획한다. 또 도미 어업이나 어살(漁箭), 조기 외줄낚시 등에 종사할 때 혼획되는 경우도 있다.
	붕장어: 조선 연안에서 널리 산출되지만 남해안에 특히 많다. 이 생선은 조선인이 좋아하는 것이 아니므로 일부러 이것을 어획하는 일은 없다. 여기에 종사하는 것은 일본인뿐이다.
	바닷장어: 뱀장어는 조선 동남 지방에 많고, 북쪽 지역으로 가면서 점차 감소한다. 뱀장어는 종래 조선인의 기호식품이 아니었기 때문에 이 어업에 종사하는 자가 없었다. 1894년경 일본 어업자들이 이 어업을 개시해, … 이에 조선인도 역시 이것을 모방하여 연승 혹은 조포구(抓捕具)를 이용하여 뱀장어를 어획하여, 일본인이 사는 지역의 시장에 내놓아 판매한다.

자료: 농상공부수산국(1908: 195~267).

인 고급어로 왕실 향연이나 제사에 빠질 수 없는 물고기였다. 그래서 조선에서는 판로가 넓고 가격이 높았지만, 일본에서는 소비가 적어 가격이 매우 낮았다(농상공부수산국 1908: 229). 그래서 "민어·조기는 본방인(일본 어민)이 아직 잡는 바가 없었다"(關澤明淸 외 1893: 70). 또 조선에서 '유어'(儒魚)라고 불리던 청어는 일본의 홋카이도를 비롯한 동북 지방에서 대량 어획되던 어종이었지만 조선에서처럼 의례품이나 일용상찬으로 널리 사용되지 않았다. 1789년 간행된 『고금석림』(古今釋林)에도 청어를 유어라고 칭하였는데, 청어가 싸기에 가난한 유학자라도 손에 넣어 먹는다고 하였다. (서일본의 일부 지역에서는 명절 의례품으로 사용되기도 하였지만) 에도 후기 홋카이도산 청어는 대량 어획되어 정어리와 함께 농업 비료로 가공되었다.

이와 대조적으로 일본인이 선호하였던 도미·삼치·상어·방어·장어류는 조선에도 많이 서식하는 물고기였지만, 수요가 많지 않거나 거의 없어 그것들을 전문적으로 잡는 어민이나 어구가 조선에는 거의 없었다. 도미는 "조선에 내어하는 경우 일본 어부의 과반수가 이 어업에 종사하는 자들이며, 사실상 이 어업이 일본인 통어의 출발점"이 된 어종이다(농상공부수산국 1908: 212). 다음 장에서 상술하겠지만, 도미는 일본에서 중요한 의례품이자 고급어로 인식되던 어종이다. 조선해에도 많이 서식해 "성어기에는 한 그물에 만 마리를 어획하는 일도 적지 않았다". 당시 도미 어업은 시바리망과 안강망이 가장 어획량이 좋았는데 "시바리망으로는 한 번에 4,000마리 내외를 충분히 어획할 수 있었고 종종 한 번에 어선 10척을 만선시킬 정도(약 3만 마리)로 어획되었고 … 안강망으로는 하룻밤에 보통 300~400마리, 가끔은 2,200~2,300마리를 어획하기도 하였다"(岩永重華 1905: 309, 326~327). 그러나 도미를 어획하는 조선 어민이 매우 적고 또 전용 어구도 없어 대구와 청어를 잡으려고 설치한 "종래 강원·함경 양도의 지예망"에서 혼획될 뿐이었다. 또 도미는 조선에서는 그다지 가치가 높은 물고기가 아니었기에, 일본 어민이 이를 잡아 조선 상인에게 팔더라도 가격이 낮을 수밖에 없었다(神曲丹路 1998: 59~60).

삼치는 서일본 지역에서 관혼상제에 사용되던 물고기로, 특히 오카야마현(岡山県) 지방에서 높게 팔려 일본의 삼치 가격은 오카야마에서 결정된다는 말이 있을 정도이다. 삼치는 조선에서도 전 연안에서 잡히던 물고기이지만, 충청도 지방에서는 '우레이어'(うれい魚), 즉 우어(憂魚)라고 불리고(下啓助·山脇宗次 1905: 96), 남부와 북부 지방에서는 망어(亡魚), 망어(魟魚), 마어(麻魚)라고 불리는 일종의 불길한 물고기였다. 또 19세기 초 발간된 「전어지」에는

"사대부 집에는 주방에 잘 들여놓지 않았고" 일부 어민 외에는 거의 먹지 않았다고 적고 있다. 따라서 일본 월경 어민들이 삼치를 어획해 조선인에게 매도하기도 하였지만 매우 낮은 가격으로 판매할 수밖에 없었다(농상공부수산국 1908: 251).

방어는 '동미'(冬味)이자 주로 서일본에서 정월 의례품으로서 가치가 매우 높은 물고기였다. 방어는 한반도와 일본 열도를 지나는 해류를 따라 회유하는 어종으로 동해에 접해 있는 일본 서안뿐 아니라 강원도 삼척, 강릉, 양양군 등 한반도의 동해안에도 매우 풍부하게 회유하는 어종이었다. "지인망(地引網)● 1회 사용으로 방어 3,000~4,000마리를 어획하는 일도 드물지 않았다." 그러나 조선인의 기호에는 적합하지 않았기에 방어 "어획에 종사하는 사람"이 없었다. 또 다른 어종을 잡다가 혼획되더라도 조선인에게 판매하는 경우는 극히 드물었고, 대개 "미리 약속한 일본인의 거류지"로 수송하거나 일본 해상 거래선에 판매해 일본 국내로 운송되었다(葛生修亮 1893: 231).

지인망: 지인망은 지예망(地曳網)이라고도 쓰며, 우리말로 갓후리그물이라고 부른다. 보통 경사가 완만하고 해저가 평탄한 해안선이나 강가에서 그물 입구가 육지 쪽을 향하도록 투망한 뒤 그물이 육지까지 올라오도록 당겨 물고기 등을 어획한다.

상어의 지느러미는 에도 시대 해삼이나 전복과 마찬가지로 일본 규슈 나가사키를 통해 청나라로

다와라모노

주: 말린 해삼(왼쪽), 말린 전복(중앙), 상어 지느러미(오른쪽).
자료: 국립민속박물관 전시〈미역과 콘부〉 전시품.

다와라모노(俵物)는 에도 시대 특히 17세기 말 이후 나가사키를 통해 수출되던 해산물을 지칭한다. 가마니(俵)에 담겨 수출되었기 때문에 붙여진 이름이다. 특히, 말린 해삼, 말린 전복, 상어 지느러미의 세 가지 건조품이 대표적인 '다와라모노'에 속한다. 모두 중국 요리의 고급 식재료로 청나라에서 수요가 높았다.

수출되던 대청 수출품인 다와라모노에 속하였기 때문에, 예로부터 상어는 상품 가치가 높은 어종이었다. 조선에서는 상어 고기를 주로 경상도에서 소비하였는데, '돔배기'로 만들어 제사상에 빠지지 않고 올라가는 의례품으로 사용하였다. 그러나 소비처가 경상도 지방에 국한되어 전국적으로 상품화가 진전되지 못한 어종이었다. 특히, 상어를 선호하지 않는 전라도 남안에서 상어 어업이 '일본 어업자의 독점 사업'이 되었다. 1893년경 조선을 정탐한 혼마는 전라도와 경상도 간의 소비문화의 차이를 보여 주는

흥미로운 일화를 전한다. 전라도의 금갑도에서 상어 어업에 종사하던 일본인이 상어를 팔기 위해 부산으로 이동하였는데 선상에서 수일이 지나면서 먹지 못할 정도로 부패하였지만, 많은 한인이 가격이 비싸다는 불평 없이 냄새도 구더기도 신경을 쓰지 않고 모두 구입하였다고 하였다(本間久介 2008: 100). 여하튼 개항 후 조선해에 온 월경 어민들은 본래 일본에서 사용하던 상어 전용 연승을 사용해 상어를 어획하였던 반면, 조선인은 다른 어종을 잡기 위해 설치된 어살(漁箭) 혹은 조기 외줄낚시를 사용해 혼획하는 수준이었다.

마지막으로 일본어로 우나기(鰻)·아나고(穴子)·하모(鱧)로 각기 표기되는 뱀장어·붕장어·갯장어 등의 장어류는 양국 간의 선호 차이가 분명히 드러나는 어종 중 하나였다. 특히, 갯장어는 한반도 주변에도 풍부하게 서식하는 어종이었고 조선에서 어획된 갯장어는 활주선(活洲船)*에 팔려 일본 간사이 지방으로 직송되어 값비싼 의례품으로 소용되었다(葛生修吉 1903: 356, 401; 竹国友康 2013: 194~196). 그러나 조선에서 장어는 뱀처럼 생겼다고 해서 연안의 어부들 외에는 거의 먹지 않았고, 그 가격은 연

활주선: 흔히 이케스부네(生簀船)라고도 쓰며, 물고기를 살려서 운반하기 위해 물고기를 넣어 바다 속에 담궈 두는 나무상자나 배모양의 장치 혹은 그것을 단 운반선을 말한다.

승에 쓰는 미끼 가격에 불과하였다(關澤明淸 외 1893: 80). 이로 인해 1900년대까지 장어류 어업에 종사하는 것은 일본 어민뿐이었다.

2

한국과 일본의
전통 해산물 소비 관습

조선의 도미

일본의 도미

앞서 제1장에서 19세기 말 한일 어민들이 조우하면서 드러난 어업기술상의 차이가 특정 어종에 대한 민족적 선호 차이에 기반하고 있었음을 알 수 있었다. 여기에서는 일본인이 선호하던 어종 중에서도 "조선에 내어하는 경우의 과반수는 이 어업에 종사하는 자들이며, 사실상 일본인 월경 어업의 출발점"(농상공부수산국 1908: 231)이 되었다고 하는 도미를 대상으로, 조선과 일본에서의 상징적 의미를 살펴보고자 한다.

조선의 도미

19세기 말 조선에서 도미는 수요가 많기는 하지만 "일본과 같이 그것을 귀중하게 여기지 않아 가격이 매우 낮았다". 그래서 조선의 어부들도 도미를 적극적으로 어획하지 않았고, "도미 어획에 종사하는 사람이 매우 적어 기껏해야 강원도 및 함경도 남부 연안에서 지예망으로 잡을 뿐이었다". 그런데 조선에서 도미 어획 기술이 발달하지 않았던 것은 도미가 상대적으로 적게 서식하였기 때문이 아니었다. 시모·야마와키(下啓助·山脇宗次 1905: 28)는 오카야마현의 한 어민의 말을 인용해 "10년 이상 매년 한국 바다 각지에 출어하였지만, 아직 이 연해와 같이 풍부한 도미 어장을 만난 적이 없다"고 하였다. 또 이 보고서는 "이 방면(도미 어업)은 토착 주민이 거의 어업에 참여하지 않는다. 황해·경기·충청 삼도는 한국 어민 및 청국 어민이 독점어장이지만, 그들이 원하는 어류는 전적으로 조기·갈치 등에 한정되며, 도미·상어·삼치·고등어·가물치·갯장어·가자미(鰈)·광어 등은 완전히 방기되며 원하는 바가 없다"고 적고 있다.

도미는 한반도와 일본을 포함한 태평양 서부에 광범위하게 분포하는 어종이다. 한반도에서는 최남단인 제주도의 서남 해역에서 월동을 하고 봄이 되면 중국 연안과 서해안 연안으로 이동해 서해와 남해 전역에서 여름을 보내고 가을이 되면 월동장으로 남하하는 것으로 알려져 있다(국립생물자원관 사이트 참조). 조선총독부의 통계수치가 신뢰 가능한 1910년대 후반에 작성된 『수산편람』에 따르면, 당시 식민지 조선에서 참도미는 전국에서 어획되고 있었는데, 어획량은 720,544관[●]에 797,965엔이었다(조선총독부 1919: 21, 88). 경상도와 전남에서 어획되던

관: 1관(貫)은 3.75kg이다.

|표 3| **민족별 도미 어획량**

(단위: 관, 엔)

연도	재조선 일본인		조선인		합계		c/a (%)	d/b (%)
	수량(a)	가격(b)	수량(c)	가격(d)	수량	가격		
1911	551,580	431,830	115,740	57,993	667,320	489,823	21	13
1914	608,518	600,892	487,877	275,769	1,096,395	876,661	80	46
1916	627,880	566,399	438,891	252,255	1,066,771	818,654	70	45
1918	484,400	823,376	248,276	354,338	732,676	1,177,714	51	43
1921	536,052	1,144,983	379,473	690,916	915,525	1,835,899	71	60

자료: 조선총독부식산국(1923: 49~50).

흑도미의 어획량은 67,010관에 53,689엔이었다. 참도미의 어획량은 산액 기준으로 경남·전남·충남·전북 순이었고 멸치·고등어·명태·조기·청어·삼치의 다음인 6위였다.

당시 식민지 조선의 도미 어획량은 일본 내 도미 어획량과 비교하더라도 상당한 수준이었다. 1891년 일본 내의 참도미 어획량은 454,292마리에 5,496,472근[•], 즉 879,435관이었고, 흑도미를 합하면 983,580관이었다(농상무성 1894). 1918년 조선의 도미 어획량은 1891년 일본의 참도미 어획량의 82%, 흑도미까지 포함하면 87%에 상당하였다. 이러한 일본의 도미 어획량은 1927년 7,430,213관, 1929년 5,836,038관, 1931년 3,343,068관으로 점

근: 1근(斤)은 600g이다.

차 감소하는 경향이 있었다(동경수형교환소 1933: 36). 조선의 연안선 길이가 일본의 64%이고 어장 면적이 52%에 불과하다는 점(조선중앙경제회 1922: 575~576)과 어선-운반선 간의 해상 직거래가 빈번하였기에 통계가 과소평가되었다는 점을 감안한다면, 전체 어획량뿐 아니라 단위 면적당 도미 어획량도 상당한 수준이었음을 알 수 있다. 또 표 3의 c/a와 d/b의 수치를 보면, 같은 도미를 소비할지라도 도미의 무게 단위당 단가가 민족별로 현격한 차이가 난다는 점도 알 수 있다. 요컨대, 조선에 도미가 적게 서식하였기 때문에 도미 어획 기술이 발달되지 않았던 것이 아니었다. 따라서 도미 어획 기술이 발달하지 않았던 원인을 자연환경의 차이가 아니라 역사문화적인 차원에서 찾을 필요가 있다. 이를 위해 문헌자료를 통해 장기사적인 접근을 해보겠다.

도미는 15세기 중반에 간행된 『세종실록지리지』에 부평도호부 인천군(현 인천광역시)의 주요 산물(主産)인 '도미어'(到美魚)와 (경남) 진주목 고성현의 토공(土貢)인 '도음어'(都音魚)로 등장한다. 그러나 조선 후기 왕실의 공상품을 기록한 『공선정례』(1776)나 『만기요람』(1808)에는 조기·민어·대구를 비롯해 수

많은 어종이 등장하는 데 반해 도미는 등장하지 않는다. 또 조선 후기 궁중 향연을 기록한 『진연의궤』(1719), 『진작의궤』(1828), 『진찬의궤』(1829; 1887)를 보면, 숭어 · 문어 · 광어 · 오징어 · 대하 · 대구 · 홍어 · 상어 · 쏘가리 · 붕어 등 다양한 물고기가 전국에서 올라와 향연을 위해 소용되었다고 나타나지만 도미에 대한 언급은 없다. 즉, 도미는 지방과 중앙(왕실) 간의 공식적인 증여 체계인 공납 체계 안으로 들어오지 못한 물고기였다.

국립문화재연구소(2003~2008)에 따르면, 경남 고령과 함양, 경북 안동, 전남 해남에서 어적이나 자반 등으로 도미가 사용되는 사례가 나타났다. 농촌자원개발연구소•(2008)에는 (문헌연구로) 서울의 도미면과 함께 (사례조사로) 경남 거창군의 도미찜이 소개되어 있다. 2014년 4월과 5월 경남 거제와 통영에 대한 조사에 따를 때도, 제사품 중 '도적'(都炙)의 범주로 도미가 사용되고 있는 사례를 다수 확인할 수 있었다. 또 경남 진주 지역에서도 제사상에 도미가 올라간다는 제보를 들은 바 있어 경남 남부에서 도미가 제수품으로 사용되기도 하였던 모양이다. 그러나 1900년대 통영 지방의 어촌에서는 도

농촌자원개발연구소: 농촌진흥청 농업과학기술원 산하 기관.

미 전용 어구를 거의 사용하지 않았던 듯하다(오창현 2014b).

그러나 도미는 한반도 전 연안에서 연중 어획되는 물고기였기에 지역에 따라서는 널리 소비되고 있었다. 먼저 1900년대 초반 문헌에 따르면, 도미는 서울을 비롯해 황해 지방에서는 봄철 별미로 자리 잡고 있었던 듯 보인다. 1913년에 간행된 방신영의『조선요리제법』은 도미국(3월 음식)과 도미국수(4월 음식)를 소개하고 있고, 1900년 전후에 간행된『해동죽지』는 '승가기'(勝佳妓)•를 해주의 명물로 소개하며 서울의 도미국수와 흡사하다고 설명하였다. 또「전어지」에는 독미어(禿尾魚)가 "사시로 다 살고 있어 어가에서는 언제나 이를 잡는다. 3월에 석수어를 잡은 뒤에 많이 잡히기에, 서울에서 유통되는 것은 매년 4월 초파일 전후"라고 설명하고 있다. 즉, 조기를 잡은 직후인 음력 4월 전후로 서울로 유통되어 서울의 명물인 도미국이나 도미면(혹은 도미국수) 등으로 요리되었음을 알 수 있다.

승가기: 승기악탕(勝妓樂湯)의 준말로 추정되는데, 이 요리는 지역마다 사용하는 재료나 조리법이 달라 무엇을 지칭하였는지는 확실하지 않다.

아울러 도미의 상품화는 서울뿐 아니라 전국적으로 상당히 진행되어 있었던 것으로 추정된다. 1820년대에 간행된『임원경제지』의「예규지」는 함경

할 만하다.

1789년에 간행된 『고금석림』은 조기를 '기를 돕는 음식'이라는 뜻인 '조기'(助氣)라고 썼다. 조기는 무엇보다 '조상을 위한 물고기'로 널리 알려져(주강현 1998), 주요 제례품으로서 전국적으로 소비되었다. 예를 들어, 국립문화재연구소(2003~2008)는 강원과 전북을 제외한 경북·충남·전남·경남·경기의 종가 제례 음식 45사례를 조사하였는데, 이 중 내륙이든 해안이든 관계없이 37사례에서 조기를 제례품으로 사용하였다. 또 윤숙경·박미남(1993)은 조기가 거의 어획되지 않는 동해안 95개 지역의 집안 제례품을 조사하였는데, 조사 대상 중 가장 많은 64%에서 조기를 사용하고 있었다. 이를 두고 저자들은 '높은 조상 숭배 의식'을 반영한다고 평가하였다.

이와 함께 윤숙경·박미남(1993)은 동해안 60개 마을 제사에 사용되는 제물도 조사하였는데, 명태(80%) 다음으로 조기(72%)가 가장 많이 사용되는 어물이었다. 특히, 경북 내륙인 안동 지역의 마을 제사에서도 조기는 어류 중에서 두 번째(15곳)로 많이 사용되는 제물이었다. 덧붙여 배영동(2006: 102)은 안동의 제사음식에서 상급 어류로 조기·문어, 중급

어류로 방어·상어, 하급 어류로 고등어를 분류하였다. 윤숙경(1996)은 안동의 88개 마을의 제례품을 조사하였는데, 역시 조기가 명태 다음으로 많이 사용되던 생선이었다.

요컨대, 조기는 대개 어획지인 연안 주변 장시에만 국한해 유통되던 도미와 달리, 늦어도 18세기 이전부터 전국 시장에 유통되어 "도처에 닿지 않는 곳이 없는" 어종이었다. 도미와 달리 조기는 "조선인이 가장 기호하는 어류 중 하나로 관혼상제"(농상공부수산국 1908: 225)뿐 아니라 조상 제사, 마을 제사에 빠질 수 없는 의례적 필수품으로서의 지위를 부여받은 물고기였기 때문이다.

일본의 도미

일본에서 '마다이'(眞鯛) 혹은 그냥 '타이'(鯛)라고도 불리는 붉은색의 참돔은 오키나와를 제외한 일본 전역에 분포한다. 산란기는 해역에 따라 다른데, 일본 규슈에서는 3~4월이고, 서일본의 세토내해에서는 5월, 일본 북부 해역에서는 6월이다(山田吉彦 2012). 일본의 도미는 의례와의 관련성이란 측면에서 조선의 도미가 아니라 '조기'에 상응하는 어종이었다. 다만, 조선의 조기가 "나라에 넘쳐흘러 귀한 사람이나 천한 사람 모두 귀중하게 여겼던 것"에 반해(『난호어목지』 18세기 말), 일본의 도미는 어획량이 적고 가격이 높아 일부 계층만 소비할 수 있었던 물고기였다. 일본에서 도미는 백어(百魚)의 왕이라고 불리며 예부터 가장 가치 있게 여겨져 왔다(鈴木克美 1992: 226). 도미는 오래전부터 왕실 의례에 사용되었을 뿐 아니라, 에도 시대를 거치면서는 민간의 관혼상제에 빠질 수 없는 물고기가 되었다.

도미는 의례적 향연에서 에도 시대 이전부터 궁중의 각종 의례에 매우 폭넓게 사용되었던 것으로 보인다. 헤이안 시대(794~1185)인 10세기경 왕실의 각종 의례를 기록한 『연희식』(延喜式)에 따르면, 해산물 중에서는 주로 전복·가다랑어·포(건물)·미역·소금이 사용되었고, 빈도수는 적지만 제신(祭神)에 따라 도미·연어·오징어가 사용되기도 하였다(渋沢敬三 1992[1943]). 에도 시대에는 각 번에서 막부로 헌상하는 해산물 중에서 마른 도미가 가장 많았다(田島 2014: 421~426). 지금도 도미는 이세(伊勢) 신궁을 비롯한 많은 신사에서 신찬(神饌)• 으로 사용되고

신찬: 신 앞에 올리는 술과 음식을 말한다.

있다. 야노(矢野憲一 1983)는 도미가 고대부터 신찬으로 사용되어 온 물고기였음을 강조해, "이미 민족 신앙과 관련해 축제 때가 되어서는 있어야 하는 것 중 하나"였다고 지적하기도 하였다.

도미는 향연에도 폭넓게 사용되었는데, 12세기에 간행된 의례서인 『유취잡요초지도권』(類聚雜要抄指圖卷)에 따르면, 방어·잉어·농어·문어 등과 함께 도미가 주요 재료로 사용되고 있다. 또 15세기 당대 상류층 향연 요리를 기록한 『산내요리서』(山内料理書)에도 쇼진(精進) 요리•로 문어·연어·은어·농어와 함께 건도미·염장도미가 사용되고 있다. 마쓰시타(松下幸子 1991: 3~4)에 따르면, (잉어를 대신해) 도미•가 가장 중요한 지위를 차지하게 된 것은 에도 시대 이후였다. 에도 초기인 1643년에 간행된 『요리물어』(料理物語)에는 해어(海魚)로 도미가 가장 먼저 등장하며 다양한 방식의 도미 요리법이 소개되어 있다. 18세기 말에는 103가지 도미 요리를 소개하는 도미 전문 요리서인 『조백진요리비밀상』(鯛百珍料理秘密箱 1785)이 간행되기까지 한다.

하라다는 이러한 요리서의 출판이 상류층의 음식문화를 민간으로 확산시키는 중요한 계기가 되었

쇼진 요리: 일반적으로 곡물·콩·야채 등 식물성 재료와 해조류만 사용하는 사찰 요리를 말하는데 가마쿠라 시대 이후 민간으로 점차 확산된 것으로 알려져 있다.

도미: 도미의 일본어 발음인 '타이'(たい)가 일본어로 축하를 의미하는 '메데타이'(めでたい)를 연상시키기 때문에 도미는 흔히 축하를 상징하는 물고기로도 사용된다.

가케타이

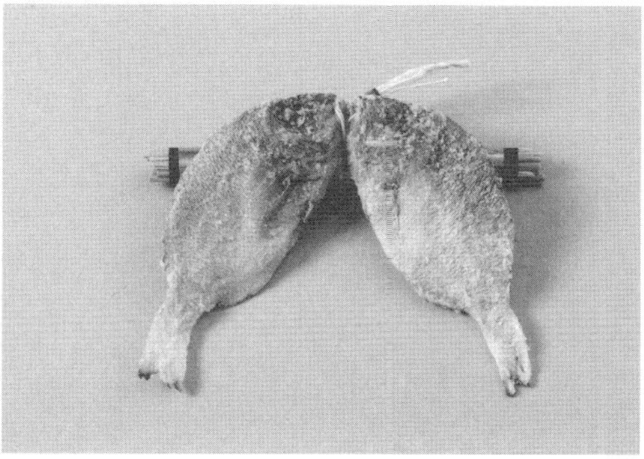

자료: 국립민속박물관 전시〈미역과 콘부〉 전시품.

일본에서 신사나 상점에서 도미 모형을 걸어 두거나 실제 도미를 봉납하는 것을 가케타이(懸鯛, かけだい)라고 한다. 예전에는 실제 도미를 봉납하였지만, 현재는 도미 모형이나 장식으로 대체되는 경우도 많다. 요즘은 진짜 도미 대신 도미 모양의 목각 장식이나 도미 그림을 걸어 두는 경우도 많다. 상점, 식당, 시장에서는 금박이 들어간 도미 그림이나 모형을 가자리다이(飾り鯛, かざりだい)라고 하여 장식한다. 일부 지역에서는 도미를 본뜬 과자나 음식도 판매하여 축제 분위기를 조성한다.

다고 평가한다(原田信男 1989: 5장). 이에 대해 라스(Rath)는 이러한 요리서의 확산이 상류층의 요리가 민간에서 실제로 소비되었는지를 보여 주는 것은 아니라고 지적한다. 에도 시대에는 재정 긴축과 신분제 강화를 위해 검약령(倹約令)이 주기적으로 반포되었다(박진한 2010). 검약령의 목적은 하층민들

에비스코

에도의 일년 풍속 중 10월의 상인 에비스코 연회 그림
(1889, 江戸風俗十二ヶ月の内 十月 豪商恵比寿講祝の図)

에비스와 다이코쿠, 돈나무
(恵比寿 大黒 金のなる木)

에비스코(恵比須講, えびすこう)는 일본에서 에비스(恵比須) 신을 모시는 전통적인 행사이다. 주로 어부, 상인, 장인 등 경제 활동과 관련된 사람들이 에비스 신에게 번영과 풍요를 기원하는 의식으로 알려져 있다. 에비스 신은 어업과 상업의 수호신으로, 흔히 왼손에는 붉은 참도미를 들고 있는 모습으로 묘사된다. 번영을 기원하는 의미에서 신사뿐만 아니라 상점, 시장, 어촌 마을에서도 볼 수 있다.

상단 그림의 오른쪽 하단에 상인들이 붉은 도미를 든 에비스 신에게 붉은 도미를 바치는 모습이 그려져 있다. 또 왼쪽 그림에는 에비스와 함께 오복신 중 하나인 다이코쿠 신과 붉은 도미를 든 에비스 신이 그려져 있다.

자료: 일본 국립역사민속박물관 소장품.

(특히, 조민과 농민)의 소비 생활을 구체적인 수준까지, 예를 들어 음식의 종류와 양 등 일상적인 의식주까지 규제해, 하층민이 상층민의 소비 형태를 모방하는 것을 방지하고 이로써 신분 질서를 유지하는 데 있었다(Shively 1964: 155). 이를 두고 라스는 요리서의 대중화가 실제 소비 대상의 계층적 확대가 아니라, 하층민이 요리서를 통해 억압적인 신분제 너머의 '환상'과 욕망을 점차 경험해 갔음을 보여 주는 것이라고 해석하였다. 따라서 도미에 관한 요리서가 확산된 것이 반드시 도미 소비의 계층적 확대를 의미하는 것은 아니라고 주장하였다(Rath 2010: 112~165).

검약령이 신분에 따른 소비 양태를 제한해 신분이 낮은 계층에서 도미의 소비가 어려웠을 수는 있다(田島佳也 2014: 433~434). 그러나 관혼상제나 연중행사 등에서 특별한 시점에 사용되거나 적어도 사용되기를 기대하는 대상은 있기 마련이다. 오히려 그러한 신분적 제약 때문에, 민간에서 도미가 "특별한 시점을 만들기 위해 사용되는 메시지를 담은 대상들"(Mintz 1998: 187)이 되었을 수 있다. 도미의 민간 소비 관행에 대해서는 20세기 전반기 민속조사

자료를 통해 살필 수 있다. 이하는 일본 국립역사민속박물관의 민속어휘데이터베이스 검색 사이트에서 검색한 결과를 원문과 대조해 정리한 것이다.

일본에서 도미는 지역별로 사용 방식이 조금씩 다르지만 세시 행사나 관혼상제 때 전국적으로 소용되는 물고기였다. 매년 정월이 되면 새우·귤(橙橘)·곤포(昆布)·굴거리나무(譲葉) 등과 함께 건도미 두 마리를 꿰어 만든 가케타이(懸鯛)를 문 앞에 거는 관습이 일본 전역에서 발견되었다(加藤楸邨 외 1982: 53). 또 명칭에는 '鯛'라는 글자가 들어 있지만, 지역에 따라 도미 대신 붕어·연어·송어·대구·오징어·방어 등이 사용되기도 하였다. 예를 들어, 동해에 접한 혼슈의 시마네현(島根県)에서는 정월에 고등어·삼치·도미·오징어·무·곤포·감 등을 신전에 걸어두었다(향토생활연구소 1937~1939). 또 세토내해에 접한 시코쿠의 에히메현(愛媛県)의 오미지마(大三島)에서는 신단에 염장한 도미를 매달고 모내기 시기까지 두었다가 구워 먹으면 일 년 내 건강하다는 속설이 전해진다(民間伝承の会 1939). 일본의 서쪽 끝 남단에 위치한 가고시마현(鹿児島県)에서는 정월이 되면 부엌의 삼나무 장대에 방어·도미·곤포를 걸고, 굴거리나무·종이·귤로 장식하고 끝에 무를 내려 달았다(鹿兒島市教育會 1937).

또 도미는 혼례·마을제·성장의례 등 축하일에도 전국적으로 사용되는 물고기였다. 먼저 혼례 때 가케타이를 만들어 중매인과 신랑 측 여성이 신부집에 가져가 유이노이품(結納品)• 으로 증여하는 관습은 서일본을 중심으로 여러 지역에 널리 전승되고 있다. 이 밖에도 동북 지방인 이와테현(岩手県)에서는 혼인 잔치 때 신부 측의 손님 앞에 눈을 뺀 큰 도미 두 마리를 안주로 내주고 큰 잔으로 삼배주를 하는 관습이 있었다(民間伝承の会 1938).

유이노이품: 유이노이(結納)는 혼약 성립의 증표로 양 당사자나 양가 부모가 금전이나 물건을 교환하는 의식을 말한다.

혼슈의 서북부에 위치한 이시가와현(石川縣)에서는 혼례의 축하 잔치 때 생도미·가츠오부시(鰹節)·단모노(反物)• 등을 걸어 장식하였다(荒垣秀雄 1932). 일본의 서쪽 끝 섬인 규슈의 구마도토현(熊本県)에서는 혼약이 성립되면 남자 쪽의 부모와 친척이 중매인에 이끌려 여자 쪽으로 인사를 가는데, 이때 술, 떡과 함께 도미를 들고 갔다(三元社編 1933). 또 규슈의 사가현(佐賀県)에서는 혼례 등의 축하 잔치가 시작되면 먼저 사람들에게 도미를 보여 주고 나중에 돌아갈 때 들고 가게 하는 관행이 있었다(佐

단모노: 일본 전통 옷을 만들 때 사용하는 직물.

賀県女子師範學校 1936).

칠복신: 복덕의 신으로 숭배되는 다이코쿠텐(大黒天)·에비스(恵比須)·비샤몬텐(毘沙門天)·벤자이텐(弁財天)·후쿠로쿠쥬(福禄寿)·쥬노우진(寿老人)·호테이(布袋) 등의 일곱 신을 말한다.

이뿐 아니라 도미는 칠복신(七福神)● 중 하나인 에비스(恵比寿) 신앙과도 밀접히 관련되어 있었다. 에비스는 일본 전역에서 가신(家神)·마을신·해신(海神) 등의 형태로 모셔지는 신이었는데, 에비스가 가장 좋아하는 물고기가 도미로 알려져 있다. 도미를 안고 싱글벙글 즐거워하는 에비스의 모습은 현재 일본에서 신상(神像)뿐 아니라 장난감, 음료 등 다양한 소재로 사용되고 있다. 동일본에서 에비스는 상업신, 어업신, 농업신으로 각 가정에서 매우 폭넓게 모셔졌는데, 일반적으로 정월에 에비스가 모셔진 신단(神壇)에 가케타이를 걸어두는 풍습이 있었다(水藤眞·加藤貴 2000: 44~45). 서일본에서는 농업신보다는 어업신과 상업신으로 모셔졌고, 일종의 종교신앙단체인 코(講)를 만들어 에비스를 모시는 일이 동일본에 비해 빈번하게 나타난다. 무로마치(室町) 시대 중반부터 상인들은 동업조합 형태로 '에비스코'을 조직하고 에비스를 자신들의 상업신으로 모셨다(吉井良隆 1999).

니혼바시: 도쿄 추오구(中央區) 북반부의 지명으로, 에도 시대 경제중심지이다. 일본은행, 증권거래소 등 각종 은행, 도매업, 백화점 등이 많다.

이처럼 수요층이 넓었기 때문에, 도미는 에도 시대부터 도쿄의 니혼바시(日本橋)● 등 어시장에서

|표 4| 1920~1930년대 도쿄의 도매물가

(단위: 10관=37.5kg)

어종	1920	1924	1928	1932	1936
도미	64.96	69.82	58.27	54.16	71.54
다랑어	45.52	40.88	29.59	21.40	22.81
방어	21.14	23.53	17.99	11.30	14.37
고등어	16.46	13.83	11.55	5.65	6.33
염장연어	10.55	13.66	12.66	7.35	10.41

자료: 상공대신관방통계과, 『물가통계표』.

빠질 수 없는 생선이었다(吉井良隆 1999: 45~46). 메이지 유신 이후 일본의 식민지가 확장되며 일본 내 도미 공급량이 크게 증가한다. 이러한 공급량의 증가에도 불구하고 도미에 대한 일본인의 수요가 높았고 이로 인해 도미 가격은 어시장에서 높게 유지되었다. 이 시기 일본의 양대 도시인 도쿄와 오사카의 도매물가지에는 도미·다랑어·방어·고등어·염장연어 등 다섯 어종의 도매가가 수록되어 있다. 다섯 어종 모두 일본에서는 주요한 의례품이다. 다랑어와 연어는 동일본의 정월 의례품, 방어는 서일본의 정월 의례품, 고등어는 오봉(お盆)의 의례품• 으로 알려져 있다. 다섯 어종의 도매가를 비교해 보면, 도미·다랑어·방어·고등어·염장연어 순이며,

오봉의 의례품: 오봉은 7월 15일인 우란분(한국에서는 백중)을 말하며, 불교 전통에서 제물을 준비해 조상의 명복을 비는 날이었다. '봉자카나'(盆魚)는 부모가 건재한 사람이 오봉 행사에 사용하는 물고기를 말하며 고등어를 사용하는 예가 많았다(田中宣一 1999: 278~279).

특히 1관당 도미 가격은 나머지 네 어종의 3~5배나 되었다.

이러한 높은 가격과 수요로 인해 일본에서 도미 양식은 상당히 이른 1920년대부터 시작되었다. 1950년대에 이르러 종묘 생산에 성공하고 1960년대 중반 이후 대량생산 기술이 확립되기에 이른다. 이에 따라 도미의 상대적 가격은 현저히 하락하였고, 1970년대에는 양식이 불가능한 다랑어나 양식이 불완전하였던 방어의 가격에도 못 미치게 된다. 스즈키(鈴木克美)는 1970~1979년까지 축산물과 수산물의 가격 순위를 정리하였다. 1위 소고기, 2위 다랑어는 변화가 없었고, 방어는 3~4위를, 새우·게는 4~5위를, 도미는 5~6위를 오갔다. 기타 돼지고기, 광어, 문어 등이 순위에 오른 것을 볼 수 있다(鈴木克美 1992: 230). 그러나 2014년 전후 정부 소비자 물가 통계를 보면, 도미는 통계 대상인 물고기 중에서 여전히 가장 비싸게 판매되고 있음을 알 수 있다(政府統計の綜合窓口 사이트 참조).

3

식민지기 어업 구조의 전개

내수형 어업과 이출형 어업

19세기 말 일본 월경 어민에 의해 조선과 일본 사이에서 이루어진 '물고기 이동'은 1910년 조선 병합을 계기로 급속하게 확대된다. (통계에 잡히지 않는 해상 직접 거래, 즉 어항을 경유하지 않고 어선에서 곧바로 운반선에 실려 운반되는 경우가 많아 실제 이출 규모는 통계보다 컸을 것이다. 따라서 얼마나 통계를 신뢰할 수 있을지 의문이지만) 비교적 신뢰도가 높은 1918년 통계 자료를 통해 1910년대 수산물의 이출과 수출 경향을 살펴볼 수 있다(조선총독부 1918). 여기서 이출은 일본 제국 역내 교역을, 수출은 역외 교역을 지칭한다.

1915~1917년 사이 수산물의 이수출액은 약 300만 원으로 전체 이수출액의 4%를 차지하였다. 당시 현미·중백미·정미·분미 등 미곡류의 이수출량은 약 2,300만 원으로 전체 이수출액의 1/3을 차지하였다. 수산물의 이수출액은 이수출액이 약 700만 원으로 미곡류 다음인 대두류의 절반에 못 미쳤지만, 금을 비롯한 광석 수출액(약 280만 원)이나 우피 수출액(약 300만 원)에 상당하였다. 이로 보아 수산

물은 한일병합 초기 조선 경제의 주요 수출품 중 하나였음을 알 수 있다. 주요 이수출품 중에는 선어(鮮魚)·건어·염어·어비(魚肥) 외에도 건패(아마도 전복)·해삼·상어 지느러미 등이 있어, 최종 소비지가 중국인 일본의 대청 수출품이 상당히 많았음을 알 수 있다. 반면, 조선의 주요 의례품 중 하나였던 청어는 생청어와 염청어 형태로 매년 1,000만 근씩 조선으로 수입되었다.

위의 자료는 이출입되던 물고기를 선어·건어·염어로만 구분하고 있어, 구체적인 어종까지는 알 수 없다. 이를 보완하기 위해 1922년에 간행된『조선산업대관』을 참조할 수 있다. 이 자료에 따르면, 1910년 선어의 이수출량이 200만 근이고 가액은 17만 원이었는데, 당시 도미·고등어·삼치·방어 등의 몇몇 어종이 일본·중국·러시아로, 대부분은 일본으로 수출되고 있었다. 1919년 선어의 이수출 수량은 7,000만 근, 가액은 600만 원에 달해 1910년과 비교해 35배 급증한다. 선어의 88%가 일본으로 이출되었는데, 대부분은 도미·방어·삼치·갯장어·고등어·옥돔(甘鯛)·광어 등 일본인 입장에서는 '고가의 어종'이었다(朝鮮中央經濟會 1992: 603~606). 이러한 수출 어종들이 조선해에서 누구에 의해 어떻게 어획되고 있었는지 살펴보기 위해, 식민지기 민족별 어획량을 보여 주는 『조선총독부통계연보』를 검토해 보겠다.

20세기 이후 면사망이나 동력선의 도입 등 어업기술 전반이 개량됨에 따라, 조선해에서 양 민족의 어획량은 모두 꾸준히 증가하였다. 그러나 어종별 어획량을 보면, 양 민족 간에 일정한 격차가 유지되고 있음을 볼 수 있다. 일본 어민의 첫 월경 어업이 시작된 1870년에서 약 40년이 지난 1912년의 양국 어민의 어획량을 살펴보면, 멸치·명태·석수어(조기)·새우·청어·대구·준치·민어 어업의 경우에는 조선 어민이 우세하고, 고등어·도미·삼치·장어·상어·방어 어업은 일본 어민이 우세한 것을 볼 수 있다. 일본 어민이 우세한 어종은 앞서 제2장에서 살펴보았듯이 오래전부터 일본인이 선호하던 어종이었다. 1900년대 전후 일본의 월경 어민들은 자신들이 일본 내에서 발전시켜 온 어구와 어법을 조선에 들여와 이러한 어종을 어획하였다.

1912년 이후의 통계를 보면, 어종별 어획량의 민족별 우열 관계는 식민지기 동안 급변하는 양상

|표 5| 민족별 · 어종별 어획량

(단위: 관)

어종	민족	1912	1917	1922	1927	1932	비고
鰮(멸치 포함)	조선인	113,475,318*	4,774,975	5,064,543	40,880,318	43,001,375	기선 건착망
	일본인	2,142,546	13,053,950	1,306,979	31,483,502	30,573,108	
명태	조선인	3,097,365	22,163,743	14,537,783	9,949,177	21,331,950	기선 저인망
	일본인	125,729	1,879,883	1,070,635	797,140	8,393,904	
석수어	조선인	2,003,540	2,260,050	3,644,950	6,341,256	12,433,745	
	일본인	168,888	2,556,832	3,885,852	4,583,123	4,331,636	
고등어	조선인	590,700	1,930,643	3,756,173	4,264,766	3,389,412	기선 건착망
	일본인	1,194,603	6,311,925	12,434,656	20,475,143	62,822,501	
도미	조선인	130,272	340,280	457,485	526,459	429,361	
	일본인	532,735	389,264	587,936	475,613	503,560	
새우	조선인	1,186,475	2,906,875	2,395,328	5,772,274	4,064,281	
	일본인	145,310	84,500	265,081	788,998	376,146	
삼치	조선인	85,361	101,012	208,001	120,504	478,939	
	일본인	263,187	1,006,896	1,925,197	770,121	811,748	
청어	조선인	328,744	2,961,637	5,236,075	6,713,599	13,558,720	
	일본인	66,261	2,020,766	2,866,128	3,738,907	5,765,440	
대구	조선인	1,494,938	5,200,854	6,818,868	5,240,785	5,797,747	
	일본인	700,054	3,093,502	2,272,868	3,141,386	3,883,805	
준치	조선인	18,689	112,845	130,020	136,663	348,282	
	일본인	3,355	58,669	117,780	258,431	138,058	
장어	조선인	15,899	334,178	498,290	279,068	816,207	
	일본인	53,181	439,652	611,162	878,107	488,127	
민어	조선인	210,352	526,077	593,099	797,675	1,614,211	
	일본인	32,745	181,175	344,198	1,504,405	270,371	
상어	조선인	50,430	368,965	695,792	747,420	1,037,240	
	일본인	189,327	323,165	645,000	999,971	920,865	
방어	조선인	37,283	48,461	76,885	115,053	172,660	
	일본인	72,010	197,819	430,976	1,352,084	683,820	

주: *은 오기로 판단됨.

자료: 『조선총독부통계연보』(1912~1932).

을 보인다. 이는 일본 정부와 어민이 새로운 제도와 기술을 도입함에 따라 민족 간 어업 구조가 변동되었던 것과 관련된다. 1900년대 조기 안강망을 비롯해 1920년대 중반 이후 명태 기선저인망과 멸치·청어 기선건착망 등 일본 어민이 새로운 어업기술을 도입해, 조선 어민이 주도해 온 멸치·조기·대구·청어 어업 등에 참여하였는데, 이는 조선 어민들에게 큰 타격을 입혔다.

그러나 이러한 기술 변동에도 불구하고 1912년 통계에 드러난 민족별 우열 관계가, 1932년 마지막 통계에서까지 대체로 유지되고 있다는 점에 주목할 필요가 있다. 이는 19세기 후반에 나타난 선호 어종에 따른 기술적 우열 관계가 식민지기를 거치면서도 계속 유지되고 있었다는 것을 의미한다. 이 같은 사실은 식민지기를 거치며 "조선인도 일본식 어법을 채용하여 점차 일원화되는 경향으로 진행"되었다는 요시다(吉田敬市 1954: 110)의 주장을 반박하는 것이다. 오히려 조선의 재래식 어업은 식민지기에도, 적어도 1930년대까지 지속적으로 성장하고 있었다.

건착망

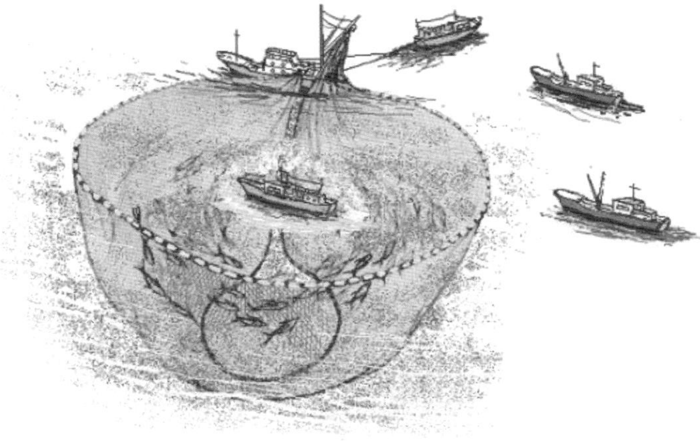

자료: 국립수산과학원 홈페이지 참조.

건착망류는 두릿그물의 일종(旋網, Surrounding nets)으로 표층 또는 표층 부근에 군을 형성하여 회유하는 어류를 주 대상으로 긴 네모꼴의 그물을 둘러쳐 포위한 다음 어군이 그물 아래쪽과 옆쪽으로 도망가지 못하게 하면서 점차 그물을 끌어올려 잡는다.

기선저인망

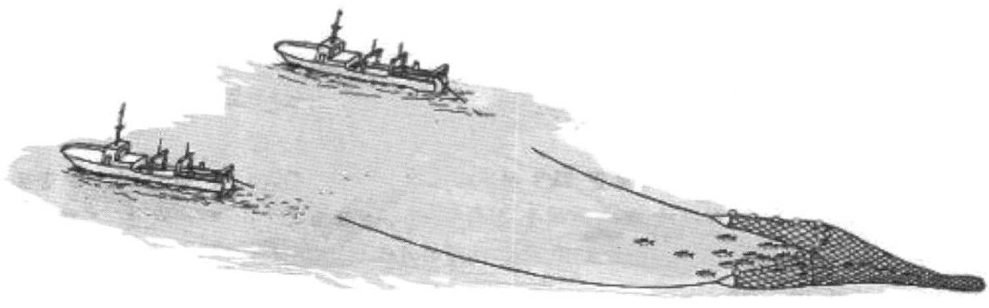

자료: 국립수산과학원 홈페이지 참조.

저인망은 끌어구(引網類, Dragged gear)의 일종으로, 자루 모양의 그물을 수평 방향으로 일정 시간 동안 배로 끌어 어패류를 어획한다. 기선저인망은 동력선을 사용하는 저인망으로, 이에 속하는 대표적인 어구 중 하나가 트롤이다.

어선기술의 변화

이처럼 식민지기에도 조선의 재래식 어업이 성장하고 있었다는 점은 어선 수의 변화를 보여 주는 표 6을 통해서도 엿볼 수 있다. 일반적으로 어선은 어구·어법과 밀접히 관계되어 있기에, 어선 형태의 변화는 어구·어법의 변화를 살필 수 있는 중요한 지표가 된다. 조선의 재래형 어선은 1912년 9,624척에서 1926년 17,009척으로 14년간 7,385척, 약 77%가 증가하였다. 마찬가지로 『조선총독부통계연보』에 따를 때도 어업 및 양식용 재래형 선박은 1911년 9,170척에서 1929년 19,232척으로 18년간 약 110%가 증가하였다. 이를 두고 조선 어선을 조사해 1929년에 발간한 보고서는 "재래형 어선은 옛날부터 한국인 어업자 간에 사용되어 온 것으로 근래 일본식 어업을 육성함에 따라 일본형 어선을 사용하는 일이 많아지긴 했으나 지금도 변함없이 널리 사용되어 오히려 증가의 추세를 보이고 있다"고 설명한다(조선총독부수산시험장 2007[1927]: 293).

다른 한편, 일본형 선박이 1911년 3,015척에서 1929년 17,742척으로 약 460%가 증가하였고, 조

|표 6| **유형별 · 민족별 어업 및 양식용 선박 수(석유발동기선 제외)**

(단위: 척)

		재래형	일본형	기타	합계
1912	일본인	32	2,739	11	2,782
	한국인	9,592	863	47	10,502
	합 계	9,624	3,602	58	13,284
1916	일본인	59	4,373	62	4,494
	한국인	12,614	3,428	355	16,397
	합 계	12,673	7,801	417	20,891
1920	일본인	95	5,513	47	5,655
	한국인	14,062	6,245	280	20,587
	합 계	14,157	11,758	327	26,242
1924	일본인	104	5,690	233	6,027
	한국인	16,342	8,641	3	24,986
	합 계	16,446	14,331	236	31,013
1926	일본인	80	5,889	349	6,318
	한국인	17,019	9,310	360	26,689
	합 계	17,099	15,199	709	33,007
1931	일본인	260	5,681	215	6,156
	한국인	18,526	12,753	484	31,763
	합 계	18,786	18,434	699	37,919

자료: 『조선총독부통계연보』(1912~1931).

선 어민의 일본형 어선이 1912년 863척에서 1931년 12,753척으로 급증하였다는 점도 특기할 만하다. 또 『조선총독부통계연보』에 따를 때, 재래형 선박은

1930년대 이후로 20,000척 내외에서 큰 변화를 보이지 않는 반면, 일본형은 1930년대 이후로도 계속 증가해 1940년에는 35,560척에 달하게 된다. 이때의 '일본형 어선'은 일본 재래식 어선과 일본이 도입한 소위 '근대적 기술'을 적용한 어선을 포함하는 범주이다. 따라서 1930년대 이후 나타난 재래식 어선 수의 정체, 일본형 어선 수의 지속적인 증가는 근대적 기술이 조선의 재래식 기술과 일본의 재래식 기술을 압도해 나가는 과정으로도 해석할 수 있다. 그러나 이처럼 조선 어민의 일본형 어선이 급증한 현상을 두고, 이 기간 재래식 어업이 일본식 어업에 의해 대체된 것으로 해석할 수는 없다. 일본형 어선의 급증 현상과 별개로, 재래형 어선이 1931년까지 약 20년간 두 배 증가하였고 1940년까지 감소하지 않기 때문이다. 이는 조선의 재래식 어업이 일본식 어업에 의해 대체되지 않았다는 것을 의미한다.

오히려 위의 통계는 많은 조선 어민들이 일본 수출 시장이 열리면서 본래 조선에는 없었던 어업에 새롭게 적극적으로 참여해 나갔음을 보여 준다. 『조선총독부통계연보』에 따르면, 조선의 어업인구는 1911년 182,319명에서 1927년 331,087명으로

15년간 148,768명, 약 81%가 증가하였다. 조선인 어업자의 구성을 살펴보면 1917년 226,345명 중에서 전업어민 76,752명, 겸업인 62,187명, 노동자가 87,406명이었다가 1927년에는 274,400명 중 전업자가 103,495명, 겸업자 61,757명, 노동자 109,148명으로 증가하였다. 약 10년간 전업자가 21%인 약 2만 7,000명이, 노동자가 25%인 약 2만 명이 증가하였다. 또 등록률이 93%를 넘어서는 1916년 이후의 인구조사(박경숙 2009: 32)를 신뢰한다면, 조선 어민 수는 1916년 253,411명(전업 80,869, 겸업 172,542), 1932년 300,467명으로 19% 증가하였고, 재조 일본 어민 수는 1916년 9,075명(전업 7,349, 겸업 1,726)에서 1932년 10,825명으로 마찬가지로 19% 정도 증가하였다.

표 5의 1912년 이후 조선인 통계를 보면, 본래 조선 어민들이 과거에는 거의 참여하지 않던 도미·삼치·장어·방어 어업에도 상당수의 조선 어민들이 참여하고 있었음을 엿볼 수 있다. 이는 개항 이후 조선 어민들이 일본 수출 시장의 등장 이후 빠른 속도로 일본 어업기술을 받아들여 어획 어종을 확대해 나갔음을 보여 준다. 따라서 표 6에 나타난 재

|표 7| **도별 조선형과 일본형 어선 수**

(단위: 척)

선종		함북	함남	강원	경북	경남	전남	전북	충남	충북	경기	황해	평남	평북	계
재래형		1,196	2,100	1,539	1,167	2,053	3,382	171	256	19	379	753	472	355	14,175
일본형		190	484	163	993	5,638	3,059	146	332	–	189	238	138	134	11,707
계		1,386	2,587	2,002	2,160	7,721	6,441	330	538	19	568	991	610	489	25,882
총수 대비 비율	재래형	0.86	0.81	0.92	0.54	0.27	0.52	0.54	0.43	1.00	0.67	0.75	0.78	0.73	0.55
	일본형	0.14	0.19	0.08	0.46	0.73	0.48	0.46	0.57	–	0.33	0.25	0.22	0.27	0.45

자료: 조선총독부수산시험장(2007[1927]: 57).

래형과 일본형 어선이 동시에 급증한 현상은 조선의 재래식 시장을 위한 재래식 어업이 지속·성장하는 동시에, 일본 시장을 위한 어업이 새롭게 구축(構築)되어 나간 것으로 해석할 수 있다. 식민지기 어업 경제에 대한 이러한 해석은 (동력선이 확산되기 전인) 1920년대 중반 조선형 어선과 일본형 어선 수를 지역별로 보여 주는 표 7을 통해 보다 명확히 살펴볼 수 있다.

일본 규슈에서 도입된 안강망선이 조기 어업에서 맹위를 떨치기 시작하던 1920년 중후반(오창현 2014a)임에도 서해안에서는 재래형 어선이 여전히 많이 사용되고 있었다. 여기서는 지역별 차이에 주목할 필요가 있다. 즉, 평안도와 황해도 등 서안 북부에서는 재래형 어선이 전체 어선 수의 70% 이상을 점유하고 있는 데 반해, 서안 남부와 남안 서부인 전북·전남에서는 각각 54%와 52%가, 경남에서는 27%만이 사용되고 있었다. 다시 말해, 경남과 전남 등 남해안 지방에서 일본형 어선이 집중적으로 증가한 것을 알 수 있다. 이러한 현상은 동해안에서도 마찬가지였는데 함경도와 강원도에서는 재래형 어선의 비율이 81~92%에 달해 일본식 어업기술이 미친 영향이 매우 미미하였던 데 반해, 전남·충남·경남, 특히 경남 지방에 미친 영향이 컸다는 점을 알 수 있다.

위와 같은 통계가 나타나게 된 배경을 분석하기 위해서는 선호 어종과 관습의 문제로 돌아갈 필요가 있다. (조금 앞선 1910년대 후반 통계이지만) 1919년 자료에 따르면, 일본인이 선호하던 어종의 어업이 남부 지방에 집중되어 있던 것을 알 수 있다. 예를 들어, 도미의 최대 어획지는 경남(267,810엔), 전남(208,627엔), 충남(135,730엔), 전북(105,365엔) 순이고, 삼치는 경남(407,370엔), 경북(171,265엔), 함남(106,732엔), 전북(92,728엔), 충남(97,020엔) 순이었다. 또 상어와 갯장어는 전남과 경남이 각각 전체의

81%와 97%를 차지하였다. 한반도의 동안을 따라 회유하는 어종인 방어의 어획량은, 경남(49,615엔), 강원(39,737엔), 함북(30,870엔), 함남(23,834엔) 순이었다(조선총독부 1919: 21). 이를 통해 볼 때 경남과 전남 뒤를 이어 충남과 전북에서 일본 수출용 어업이 이루어지고 있었다. 이 지방들은 일본인의 선호 어종을 어획할 수 있는 해역을 끼고 있었고 지리적으로도 일본과 가까워 선어 운반이 편리하다는 장점이 있었다.

4

재래식 어업기술의 특징

중선망

주목망

앞의 장들에서 식민지기 어업 경제 구조에 대한 분석을 통해, 조선(한국)과 일본 시장의 해산물 수요와 소비 관습이 현저하게 달랐고, 이로 인해 개항 이후 조선 해역에서 한국 시장과 일본 시장을 겨냥한 어업기술이 공존하면서도, 각 시장의 요구에 부흥해 상호 독립적으로 발전하고 있었음을 확인할 수 있었다. 19세기 이후 우월한 경제력을 지닌 제국 일본은 식민지기 조선의 바다를 자신의 경제권 속으로 편입시켰고, 이로써 조선의 바다는 제국의 일부로서 존재하게 되었다. 그러나 조선과 일본에서 역사적으로 각기 상이하게 형성되어 온 이질적인 민족 관습으로 인해 조선 시장과 일본 시장에 각기 대응하는 이중 어업 구조가 발전해 갔다는 사실도 확인할 수 있었다.

이어 제4과 제5장에서는 일본에서 도입된 대표적인 어업기술 중 하나인 안강망 기술이 조선의 시장 수요에 맞게 변용되는 과정을 보여 주고자 한다. 이를 통해 일본으로부터의 어업기술 도입이 식민지기에 형성된 어업 이중 구조 중 일본 이출용 어업의 확산만을 의미하는 것은 아니며, 오히려 조선 내수용 재래식 어업의 성장으로 해석될 수 있음을 보여

안강망

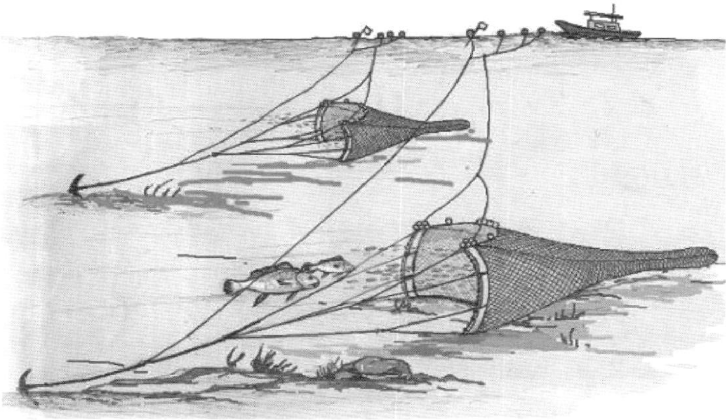

자료: 국립수산과학원 홈페이지 참조.

안강망은 조석간만의 차가 큰 해역에서 닻으로 긴 자루그물을 고정하는 식으로 부설하여 강한 조류에 의해 물고기 등이 자루그물 속으로 빨려 들어가게 하여 잡는 어구이다. 안강망류는 주목망류와 그물 형태 및 어획 원리는 유사하나, 주목망류는 2개의 말목으로 자루그물의 입구를 좌우로 벌어지도록 한 것에 반해, 안강망류는 닻으로 어구를 고정하는 대신 자루그물 입구에 별도의 전개장치를 부착하여 입구가 벌어지게 하였다. 안강망의 입구를 벌리게 하는 전개장치로 과거 입구에 수해와 암해를 달아 사용하였으나 1980년대 이후 시험 개량을 거쳐 현재는 대개 범포식을 사용하고 있다. 국립수산과학원에서 제공하는 위의 그림을 보면, 안강망 입구의 위아래에 수해와 암해가 달려 있지 않고 좌우에 범포가 달려 있어 범포식 안강망임을 알 수 있다.

줄 것이다. 여기에서는 조선 후기의 대표적인 어업 중 하나인 조기 어업기술의 특징을 검토할 것이다.

겨울철 청어와 함께 봄철 서해에서 대량 어획

주목망

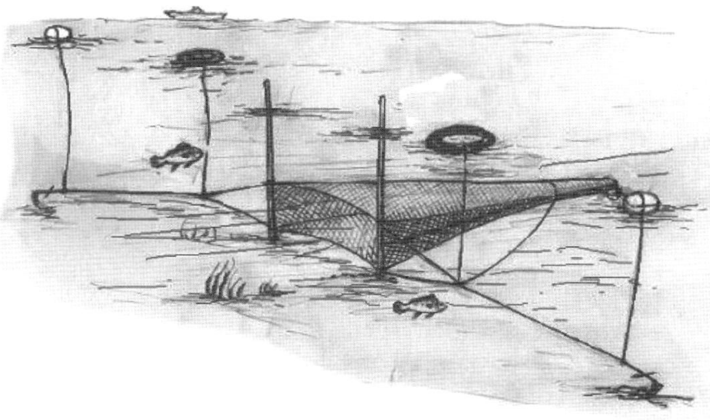

자료: 국립수산과학원 홈페이지 참조.

조류에 휩쓸려 들어오는 물고기를 잡는다는 점에서는 중선망, 궁선망과 동일하지만, 그물을 고정하는 방식이 다르다. 해저에 박아 세운 2개의 지주(支柱)에 자루그물의 입구 양쪽 끝을 각각 묶어 고정한다. 이에 반해 안강망은 지주를 세우지 않은 대신에 큰 닻을 이용해 자루그물을 고정하는 것이 특징이다.

되어 전국으로 유통되던 조기는 근대 사회에 들어서 비로소 유통되기 시작한 상품이 아니었다. 늦어도 18세기 이전부터 전국 대부분의 시장에 유통되어 판매되었으며, 깊은 내륙에 살고 있는 조선인들까지도 시장에서 손쉽게 조기를 구할 수 있었다. 전국 지방 시장에서 유통되어 "도처에 닿지 않는 곳이 없던" 조기는 "조선인이 가장 기호하는 어류 중

하나로 또 관혼상제에 빠질 수 없고", 조상 제사와 마을 제사에 빠질 수 없는 의례적 필수품이었다(농상공부수산국 1908: 225). 조기는 청어·명태·대구 등과 함께 필수 의례품이면서 일용상찬으로, 조선인의 민족적(ethnic) 기호에 적합한 물고기였기 때문에 "아무리 잡아도 판매에 문제가 없는" 상품성이 높은 어종이었다.

이와 같이 전국적으로 수요가 매우 높은 물고기였던 조기의 어업은 "성대함이 실로 명태 어업에 버금가던" 조선 후기 서해 어민들의 가장 중요한 생업 중 하나였다(농상공부수산국 1908: 229). 조선 후기 조기 어업은 주로 대량 어획이 가능한 그물로 이루어졌는데, 많이 잡힐 경우에는 "산처럼 쌓이기" 때문에 배에 다 실을 수 없을 정도였다. 전국적으로 유통되고 소비되던 조기의 높은 상품성 때문에, 조기를 대량 어획하는 어업기술이 발전되었다고 이해할 수 있다. 그래서 19세기 초반에 간행된 『난호어목지』에는 "나라에 (이것이) 넘쳐흘러 귀한 사람이나 천한 사람 모두 맛있는 음식"(流溢國中貴賤共珍之)이라 여겼다.

망선망: 재래식 두릿그물의 일종으로, 두 척 혹은 한 척의 배가 어군을 그물로 둘러싼 뒤에 끌어올려 어획한다. 오창현(2010)을 참조 바란다.

조기 어업에 사용되던 대표적인 어망 어구로는 망

선망(綢船網)●, 중선망(中船網)●, 궁선망(弓船網)●, 주목망(柱木網), 정선망(碇船網)● 등이 있었다. 이 중 중선망과 주목망은 모두 낭망(자루그물), 조선 후기의 어조망(漁條網)●으로 일본에서 도입된 안강망과 어망 구조가 흡사하였다. 안강망이 도입된 직후부터 안강망으로 빠르게 대체되었는데, 이 때문인지 현재까지도 서해의 많은 어민들은 안강망 어선을 '중선'이라고도 부르며, 또 규모가 작은 개량 안강망을 '주벅망', 즉 주목망이라고 부른다. 이 장에서는 조선 후기 중선망과 주목망 어업의 특징에 대해 서유구의『임원경제지』를 중심으로 살펴보겠다.

중선망

중선망은 일제 시기에 이미 사라져버렸기에 현재 조선 후기에 운용되던 것과 유사한 중선망의 실물은 남아 있지 않다. 다만, 최근까지 보고된 바에 의하면 지역에 따라 곳배, 닻배, 멍터구리배, 중선이라고도 불리며 1990년대까지 인천광역시 강화도나 전남 낙월도 지역에서 새우잡이에 사용되던 해선망(醢船網)● 어선과 유사한 구조였을 것이라고 추

중선망: 중선망, 궁선망, 주목망의 어법은 안강망 어업과 유사하다. 안강망이 낭망(囊網, 자루그물)을 해저에 내리고 닻으로 고정한 뒤 조류에 휩쓸려 오는 물고기를 어획하는 데 반해, 중선망 어업은 큰 닻을 내려 고정한 어선의 양현에 그물을 각각 고정한 뒤에 조류에 휩쓸려 들어오는 물고기를 어획한다.

궁선망: 궁선망은 중선망이 양현에 자루그물을 각각 차는 것과 달리, 선수에 붙여 단 삼각형 모양의 큰 그물을 바닷물에 넣은 뒤에 조류에 휩쓸려 들어오는 물고기를 어획한다. 궁선망은 기본적으로 자루그물을 2개 차는 중선망에 비해 규모가 작다.

정선망: 정선망은 해저에 쳐두어 해저를 다니는 어패류가 그물코에 걸리게 만드는 저자망 그물을 말한다. 안강망, 중선망, 궁선망과 달리 조류가 너무 강한 시기에는 사용하지 않는다.

어조망: 자루모양의 그물, 즉 낭망을 가리키며 조선 후기 대표적인 어조망으로 소개되는 것이 중선망이다.

해선망: 중선망 중에서 젓새우를 잡기 위해 고안된 그물이다. 1990년대까지 서해 인천 강화군, 전남 신안군 일대에서 사용되었다.

해선의 대형 닻
자료: 국립해양유물전시관.

정된다(박구병 1992: 178~182; 박구병·허성회·이상호 1996; 국립해양유물전시관 1999). 현지 어민들은 젓새우를 비롯해 실치, 봉댕이 등을 주로 잡던 해선망을 중선망이라고 혼칭하기도 하지만, 해선망과 별개로 조기(와 청어)를 주로 잡는 중선망이 존재하였다. 양자의 차이는 현재 근해 안강망선(대형 안강망선)과 연안 안강망선(소형 안강망선)에 대응한다고 할 수 있다. 근해 안강망선이 남중국해 등지로 이동해 주로 조기를 어획하는 반면, 연안 안강망선은 육지와 가

해선의 측면
자료: 국립해양유물전시관.

까운 해역에서 주로 젓새우와 잡어 등을 잡는다. 조선 후기의 중선망과 해선망도 구조가 유사하였지만 어획 어종이 다르기 때문에 자연히 어선과 어구의 크기와 구조에서 다소 차이가 있었을 것이다.

19세기 초에 발간된 『임원경제지』의 「전어지」는 어조망이라는 부르는 조선 후기의 중선망에 대해 가장 자세히 기록하고 있다. 이에 따르면 어조망은 망구(網口) 사방의 길이가 72m이고 앞뒤 길이가 68m였고, 중선은 어조망 한 쌍을 양측에 하나씩 부착해 조업하였다. 이때 어조망 입구의 위아래로 18m가량의 소나무를 각기 맨다고 해, 어조망의 입구 한 변의 길이가 18m 내외로 망구가 대략 정사각형 모양을 이룬다는 것을 알 수 있다. 또 해저에 내려 배와 그물을 고정하는 닻줄의 길이가 120m에 이른다고 해 상당히 깊은 바다에서 조업하고 있었음도 알 수 있다. 이를 토대로 당시 어조망을 부착하고 조업 중이던 중선의 크기를 상상해 보면, 앞뒤 폭은 어조망의 길이인 68m이고, 좌우 폭은 어조망 한 쌍의 길이인 약 36m에 선체의 폭을 약 5m로 가정해 더해 보면 대략 40m가 넘었을 것이다. 즉, 중선은 바다 위에서 초등학교 운동장만한 크기를 점유하며 조업하고 있었을 것이다.

이로부터 약 100년 뒤에 나온 『한국수산지』Ⅰ(1908)의 도해편은 중선을 주 어획 대상이 조기인 것과 새우인 것, 두 가지로 나누어 설명하고 있다. 조기잡이용 중선망은 물고기가 모이는 어포부(魚捕部)•를 포함해 그물 전체의 길이가 65m이고, 망구의 상단에 붙이는 나무의 길이가 21m이라고 해 망구 한 변의 길이가 20m가량 된다는 것을 알 수 있다. 결국 1908년 『한국수산지』Ⅰ이 묘사한 중선망

어포부: 조류에 밀려 그물 안으로 들어온 물고기 등이 모이는 자루그물의 끝부분을 말한다.

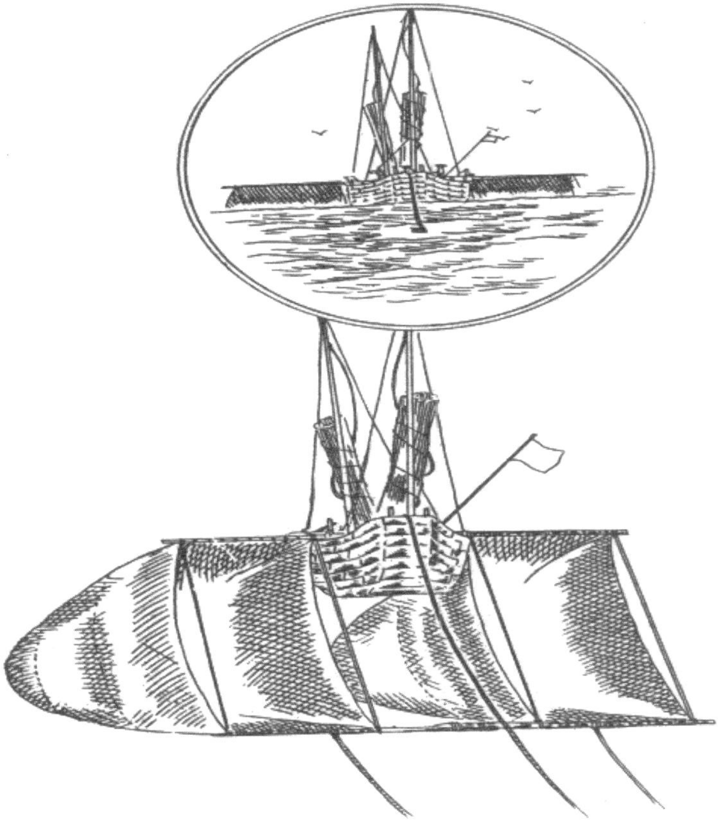

『한국수산지』Ⅰ 도해편의 중선망
주: 선수에서 몸통으로 갈수록 견폭이 크게 넓어져 선형이 둥근 것을 볼 수 있다.

이 19세기 초반「전어지」에서 설명한 중선망과 거의 비슷한 크기였음을 알 수 있다. 그런데「전어지」나 『한국수산지』Ⅰ은 어조망을 달고 조업하던 어선, 즉 중선 자체에 대해서는 언급하고 있지 않다. 그러나 어조망의 크기를 감안해 「『한국수산지』 I 도해편 중선망」 사진을 보면, 중선 역시 상당히 컸을 것이라고 예상해 볼 수 있다. 또 「전어지」의 설명을 찬찬히 읽어 보면, 어조망을 부착하고 조업하던 중선이 상당히 컸고 왜 그럴 수밖에 없었는지 이해할 수 있다.

한 떼가 그물 안에 다 들어가기를 엿보았다가 빨리 녹로를 돌린다. (좌우에 있는 녹로를 같이 움직인다.) 그물 입구의 아래쪽 횡목을 끌어당겨서 위쪽의 횡목과 아가리를 합쳐 배 밑에 붙인다. 왼편에 연결한 동아줄을 풀면, 그물 전체가 저절로 뒤집혀 오른쪽 돛대 바깥에 매달린다. 그러면 배도 따라서 오른쪽으로 기울어진다. 미리 준비해 둔 5~6발 되는 큰 줄 수십 개를 사용한다. 양쪽 끝에 돌덩어리를 매어 선창에 두었다가, 왼쪽 굵은 동아줄을 풀어 배가 오른쪽으로 기울어질 때 급히 여러 사람들이 힘을 모아서 돌을 맨 줄을 연결해 왼쪽 돛대에 걸어 두어, 한 쪽이 무거워 배가 기울어지지 않게 한다. 이내 갈고리로 그물을 끌어 오른쪽 돛대 바깥에 붙인다. 그물들을 봉해 놓은 곳을 열고 물고기를 꺼내서 선창 속으로 옮겨 저장한다. … 남서해에서는 청어, 석수어가 제일이고, 준치, 민어가 다음이다. 오는 데는 때가 있고 다니는 길이 있으니 때를 맞추어 그 길을 지키고 있으면 한 떼의 물고기가 그물 속으로 들어온다. **그물이 아주 큰 것이 아니면 물고기를 수용하지 못하고, 배가 아주 큰 것이 아**

> **니면 그물을 이겨 내지 못한다.** 바닷가의 부호들은 매번 천금을 써서 배를 건조하고 그물을 짠다. 일 년의 어획한 것이 종종 아주 부러워할 정도로 큰 만금을 벌어들인다(김명년 역 2007, 굵은 글씨는 저자 강조).

중선에 부착되는 어조망은 서해의 독특한 자연환경 중 하나인 대조기(大潮期), 즉 사리● 때의 강한 조류를 이용해 물고기를 잡는 어구이다. 물고기가 강한 조류에 휩쓸려 어조망 끝부분으로 들어가 밖으로 나오지 못하고 있으면, 그물 끝부분을 배 위로 끌어올리고 물고기를 꺼내는 방식이다. 거대한 어조망을 양쪽에 매고 균형을 유지하며 정지해 있는 것도 쉽지 않은 일이겠지만, 특히 수만, 수천 마리의 물고기가 가득 차 있는 그물을 끌어올릴 때에는 강한 조류로 인해 배가 기울어져 전복될 위험이 컸다. 강한 조류에 어선이 전복되는 것을 방지하기 위해, 앞의 인용문에서는 무거운 돌을 이용해 배가 한쪽으로 기우는 것을 방지해 가며 그물 속에서 물고기를 꺼내는 방법을 설명하고 있다.

사리: 대조기 혹은 사리는 음력 보름과 그믐 무렵에 밀물과 썰물의 차가 가장 큰 시기를 이른다.

그런데 이처럼 조업 과정에 큰 위험 요소가 있음에도 큰 그물을 사용할 수밖에 없었던 것은, "그물이 아주 큰 것이 아니면 물고기를 수용하지 못하기"

때문이었다. 이는 조선 후기 조기 어업의 중요한 특징을 보여 준다. 조기는 수천 많게는 수만 마리까지 무리지어 다니는 어종이다. 예를 들어, 1939년 5월 27일자 『동아일보』 기사를 보면, 당시 서울 마포에 5월 24일 하루에 어선 200척이 1,000만 마리, 즉 1척당 5만 마리의 조기를 싣고 들어왔다. 당시에는 100여 척이 500만~600만 마리, 즉 1척에 5만~6만 마리를 싣고 들어오는 게 일반적이었다. 따라서 그물이 크고 튼튼하지 않으면 조류를 타고 밀려들어 오는 수많은 조기 무리를 견디지 못하고 찢어지고, 또 "배가 아주 큰 것이 아니면 그물을 이겨내지 못하고" 전복되어 버렸다. 다시 말해, 조기 어업에 사용되는 어조망은 수만 마리의 조기떼를 담을 수 있을 만큼 크고 견고해야 하였고, 한 쌍의 어조망을 부착한 중선 역시 바다 한가운데서 서해의 강한 조류와 그물 안으로 밀려들어 오는 조기떼를 버티기 위해서 상당히 클 필요가 있었다.

한 가지 더 언급할 점은 중선 어업이 물고기가 조류에 밀려 그물로 자연스럽게 들어가기를 기다려 어획하는 방식이었다는 점이다. 이를 위해서는 중선이 커야 할 뿐만 아니라 파도와 바람을 이기고 바다 위에 안정적으로 떠 있을 필요가 있었다. 이와 관련해서는 「전어지」의 "포석수어법"(捕石首魚法) 부분을 참조할 수 있다.

> 서남해 어가에서는 어조망이나 어책을 이용하 잡는다. … 소위 삼월에 구름이 끼고 바람이 없으면, 석수어는 풍어이고 다른 물고기는 풍어가 아니라고 한다. 대개 어조선(魚條船)으로 해양에서 정지해 서 있으면, 바람과 파도가 거세져 배가 물결을 따라 흔들린다. 그러면 배 밑의 그물이 움직여 안정되지 못하고 물고기가 왕왕 다른 길로 나가 버린다. 모름지기 날씨가 흐리고 바람이 없어진 뒤에 그물 입구를 열 수 있는 만큼 열어서 조용하고 빠르게 조수를 받아야 한다(김명년 역 2007).

여기서 말하는 조기 어법이란 조기가 다니는 길 위에 서서 조기떼가 조류에 밀려 그물 안으로 들어가기를 기다려서 잡는 중선 어업을 말한다. 중선 어업에서 어선이 바람과 파도에 흔들리면 배 밑의 그물도 함께 흔들려 조기가 그물을 피해 다른 길로 가버리고 만다. 이는 이러한 조기 어법이 날씨의 영향을 많이 받는다는 점을 의미하지만, 이때 사용되는 어선이 먼바다 위에서 일상적인 파도나 바람에 흔들리지 않고 안정적으로 서 있을 수 있는 구조이어야 한다는 점도 암시한다.

또한 조기 어업에 사용되는 대형 어구와 어선을 운용하기 위해서는 당연히 많은 승조원이 필요하였다. 『한국수산지』 I 에서는 "중선에는 어부 25명 내지 30명이 탑승하며, 어기에 약 1.1톤 내외를 어획한다"고 보고한다. 승조원의 수가 (어법에 따라 달라지기 때문에) 어선의 크기와 정비례한다고는 말할 수 없지만, 많은 수의 어부가 탑승하기 위해서는 상당히 큰 어선이 필요하였을 것이다(농상공부수산국 1908: 227). 1900년대 이전에는 『한국수산지』 I 의 설명보다도 훨씬 더 많은 인원이 탑승하는 중선도 존재하였는데, 이와 관련해서는 식민지기 안강망 어선의 변화를 검토하며 다시 논의하겠다.

주목망

주목망은 흔히 남해의 방렴(防簾)이나 동해의 어장(漁帳)과 같이 서해의 대표적인 정치 어구로 분류된다. 주목은 문헌에서 주박(注泊), 색고(索罟), 문망(門網), 주벽(周壁), 주목(柱木), 주박(柱朴), 주목(駐木) 등으로 다양하게 표기된다. 문헌상의 한자로

어업법(1909. 11. 7 공포)

일본에서 근대적 어업법은 1901년에 처음 제정되었다. 이 법의 목적은 에도 시대 번(藩)별로 형성되어 온 어장 이용 관계, 소위 「구관」을 근대적인 법체계로 정비하는 것이었다. 이후 이 법은 어업권·입어권, 어업조합과 관련된 사항을 명확히 규정하기 위해 전면 개편되어 1910년에 공포되었다. 한편, 조선에서 어업법은 이보다 2년 빠른 1908년에 공포되었다. 이 법은 어업을 면허어업, 허가어업, 신고어업으로 나누어 각기 규정하였다. 이 중 어민이 행정관청에서 면허를 받아 행사하게 하는 면허어업은 사실상 물권을 부여하여 상속, 양도, 공유, 담보, 대부의 대상이 될 수 있게 하였다. 이 법은 연안 어민에게 우선적인 어업권을 부여하는 이른바 전용어업권을 규정하고 있지 않아, 일본인이 조선에서 자유롭게 면허어업에 참여할 수 있게 하였다.

는 구분되지 않지만, 안강망에도 어획 어종에 따라 대형 안강망과 소형 안강망이 있듯이, 주목망에도 어획 어종이나 설치되는 유역에 따라 다양한 종류가 있었다.

대표적인 사례로 1908년에 제정된 「어업법」은 주목(駐木)과 주박(注泊)을 상이한 어구로 분류하였다. 주목은 방렴과 함께 "대나무, 나무, 돌담(石堤), 흙담(土堤) 등을 건설하여 함정 혹은 어언(魚堰)• 을 설치하여 일정한 어기 동안 정치(定置)"하는 제1종 면허어업에 속하였던 반면, 주박은 "정선, 중선, 궁선처럼 닻, 지목(支木) 혹은 계선(繫船)• 등에 의해 한동안 어망을 이동하지 않게끔 장치할 장소를 정

어언: 물고기를 잡기 위해 담을 쌓아 물을 막은 시설.

계선: 물고기를 잡기 위해 (그물을 단) 배를 멈춰 세우는 것을 가리킨다.

하여 그 장소에서 일정 어기 동안 누차 동일한 방법을 반복하여 어획"하는 제4종 면허어업에 속하였다(박구병 1983). 조선 후기의 문헌이나 일본인의 조사 보고서에서는 「어업법」처럼 주목과 주박을 명확히 구별해 기술하지 않았지만, 주목망에는 연안에 설치해 조업하는 것과 중선이나 망선처럼 어획 시기를 따라 지역을 이동하며 상대적으로 깊은 바다에서 조업하는 것, 두 가지 종류가 있었다는 점에 주목할 필요가 있다.

1770년에 발간된 『동국문헌비고』(東國文獻備考)에서는 조류가 드나드는 갯벌에 새끼줄로 짠 그물을 설치해 물고기를 잡는 주박망(注朴網)을 설명하고 있다. 이것은 어조망을 사용하는 것이 아니라 갯벌에 나무를 박고 대나무로 둘러쳐 물고기를 잡는 어구로 연안 어전의 일종이었다고 추정된다. 『동국문헌비고』가 설명한 주박망과 명칭은 비슷하지만, 훨씬 크고 중선처럼 어조망을 사용하고 조수의 진퇴처가 아닌 깊은 바다에 설치되는 주목망도 존재하였다. 『동국문헌비고』로부터 50년 뒤인 1820년대에 간행된 「전어지」는 앞의 주박망과는 제작 방식이 상이하지만, 명칭이 같거나 와전(訛轉)된 '주벽'(周壁)이라고 불리는 '문망'(門網)에 대해 설명하고 있다.

문망은 한 쌍의 지주(支柱)를 세우고 하단에 어조망을 부착하는 어구이다. 이때 지주로 사용되는 나무의 길이가 6~7길 또는 10길(약 9~11m, 혹은 15m)이라고 해 문망이 연안에 가까운 조수의 진퇴처가 아니라, 상대적으로 깊고 (서해와 같은 멀리까지 얕은 바다에서는) 먼바다에 설치되는 어구였음을 알 수 있다. 다만, 어조망을 양쪽에 지지해 주는 두 나무 간격이 한 발(1.5m)이라고 하여, 어망의 입구가 당시 중선망에서 사용하던 어조망보다는 작았음을 알 수 있다.

그런데 『임원경제지』로부터 약 90년 뒤에 발간된 『한국수산지』 I 의 도해편에는 「전어지」의 문망보다 규모가 훨씬 크고 주로 조기 어획을 목적으로 하는 주목(駐木)에 대해 기술되어 있다. 주목은 어조망을 사용하는데, 둘레 2척(약 60cm), 길이 15~17m의 소나무 3개를 36m 간격으로 지주로 세우고 여기에 어조망을 부착한 어구였다. 지주에 부착하는 어조망은 망구 한 변이 18m이고, 어포부·그물 몸통·그물 입구를 모두 합친 전체 길이가 75m에 달해,

『전어지』 어조망의 크기에 상당하였다. 즉, 『전어지』의 문망과 비교해 지주의 길이는 약간 길어진 데 불과하였지만 지주에 부착되는 어조망은 훨씬 더 커졌다. 그리고 이러한 주목 어업에는 9~10.5톤 내지 15톤을 실을 수 있는, 14~16인승의 어선이 사용되었다.

그런데 『한국수산지』Ⅰ에서 설명한 것보다 훨씬 더 큰 주목망과 어선이 1900년대 이전에는 상당수 존재하였을 것이라고 추정된다. 예를 들어, 요시다는 1899~1900년에 "(주목망에) 종사하는 어선은 9~10.5톤 내지 15톤, 승조원은 14~15명이 보통이고, 충남 방면에는 1척 22~23인이 탑승하는 대형(어선)이 있었다. 그리고 대규모 주목의 경영에는 인력과 자본이 많이 필요하였다"고 적고 있다(吉田敬市 1954: 116). 또 1902년 일본인 조사에는 "주목망 중 큰 것은 그물 입구의 넓이가 18m이고 자루의 길이가 105m 이상에 달한다"고 보고하였다.

또 황해도 연평도 어장에서 조기 어업에 사용되던 주목망에 사용되던 어선은 "견폭이 약 3~5m, 길이 약 11~15m"이며 "승조인원은 1척에 보통 35명 내지 45명"이었다고 하였다. 이 보고서는 이처럼 큰 어선과 다수의 승조원이 필요하였던 이유에 대해 "어선의 닻, 닻줄, 어구 등 각 기구의 구조가 완전히 무골(武骨)에 의지하기에 그것을 사용하는 데에 특별한 노력을 필요로 하고, 일상 업무에 나태한 특성도 있다면 있겠다. 가령 이 어선의 닻을 올리는 데에 20명 이상의 인력을 사용해야 가능하다"고 적고 있다(조선해통어조합연합회 1903: 62~66).

덧붙여 앞서 설명하였듯이 주목망은 조류의 진퇴처에 설치되는 정치어구뿐 아니라 난바다(沖合)• 에 설치되는 이동식 정치어구이기도 하였다. 예를 들어, 19세기 중반 이전부터 충남 서천군 개야도 근해에는 전국 각지에서 주박선(注泊船)이 모여들어 조업하고 있었다(오창현 2012: 143~150). 또 황해도 연평도에는 경기도, 황해도, 충청도 각지에서 100여 척의 어선들이 모여들었는데, 이들 중 90% 이상이 주목망을 사용하였다(조선해통어조합연합회 1903: 62~63).

난바다: 육지에서 멀리 떨어진 바다를 의미한다.

또 1900년경 한 일본인 조사자는 전남 영광군 칠산탄 주변에 대해 "(조기) 어구는 수종이 있지만, 그중에서 중요한 것은 주박(柱泊), 지예망(地曳網), 어장(漁帳)•의 세 가지이다. 주박은 12~16km 내지

어장: 해저에 박은 지주를 이용해 그물이나 싸리 등으로 물고기가 나가는 길을 둘러쳐 어획하는 어구로 추정된다.

입회어장: 입회는 일본어로 '이리아이'라고 한다. 여기서는 일정한 지역의 주민이 일정한 어장에 들어가 배타적으로 어로 활동하는 것을 말한다.

40km 난바다의 입회어장(入會漁場)[•]에서 전적으로 사용되며, 풍어 시에는 일 회에 수만 마리를 포획하는 일도 적지 않다. … (지예망, 어장) 두 어구의 사용 구역은 각기 상이하지만, 대략 4km 난바다의 안쪽에서 설치되며 … 멀리에서 온 어선은 모두 난바다에서 주박 어업에 종사한다"고 하였다(葛生修吉 1903: 431). 즉, 지예망과 어장이 4km 내의 가까운 연안에서 사용되던 어구였던 데 반해, 주박은 12~16km 내지 40km 난바다에 사용되는 어구였음을 알 수 있다.

또 황해도에서 전남 칠산바다에 온 조선인 통어자는 중선, 망선을 사용하고, 전라도와 충청도에서 조선인 통어자는 정선(碇船)으로 사용하였는데, 주목의 주요 어장이 "12~16km 내지 40km"였다는 구체적인 보고도 있다(吉田敬市 1954: 119). 요컨대, 주목망 중에는 중선망과 마찬가지로 난바다에서 조기잡이에 사용되는 어구가 있었고, 이러한 주목망에 사용되는 어조망과 어선은 크기가 상당히 컸다.

5

식민지기 일본 어업기술의 도입과 변용

안강망의 도입

안강망의 대형화

안강망의 도입

19세기 후반 일본 규슈에서 개발되어 1900년 전후 목포를 통해 조선에 들어온 안강망은, 1960년 이후 조기잡이에 널리 보급되기 시작한 조기 유자망과 함께 20세기 한국의 서해를 풍미하였던 대표적인 조기잡이 어구이다. 이 장에서는 안강망이 일본에서 조선으로 도입된 이후 점차 개량되는 과정을 어선과 어구의 크기 변화를 중심으로 검토해 보겠다.

1854년경 구마모토현의 한 어민이 근해에 풍부한 젓새우(アミ)를 어획할 때 품이 많이 들고 효율이 낮은 시게아미(手押し網)[•]를 대신해, 효율성이 높은 안강망(綟子鮟鱇網)을 고안해 냈다. 이어 1861~1863년에는 같은 지역의 이웃 마을(長州町)에서 그물코가 작은 새우 안강망을 제작하였다. 이때 개발된 새우 안강망은 망구의 폭이 9m, 길이가 38m이고 2인 조업용이었다. 약 10년 뒤에는 1873년에는 같은 마을에서 그물코가 큰 안강망(籠絡鮟鱇網 혹은 荒目鮟鱇網)을 제작해 도미 등을 어획하기 시작하였다(정공흔 1979; 片岡千賀之 2011: 106). 가타오카(片岡千賀之)는

시게아미: 일본 규슈 아리아케해에서 사용되던 어구로, 조선 후기 궁선망과 구조나 원리가 동일하나 상대적으로 규모가 작았다. 佐賀縣立博物館(1999)의 도록 그림을 참조 바란다.

이 세 가지 형태의 안강망을 두고, 젓새우, 새우, 도미 등을 각기 어획하는 세 가지 원형태가 개발되었다고 평가하였다.

일본에서 조선으로의 안강망 출어는 나가사키현의 마쓰모토(松本吉三郎)라는 한 어민이 1899년 7월 하순(음력 6월경), 길이 약 10.1m의 어선 8척(각 4명)과 함께 전남 목포로 출어해 조업하였던 것이 최초였다. 나가사키현 다이라 어협(多比良漁協)에 소장된 마쓰모토 어민의 이력서를 보면, 첫 출어 당시 조기는 상당히 어획할 수 있었지만 언어가 통하지 않아 조선 내로 판매하는 데 어려움을 겪었다. 당시 조기는 일본에서 선호되는 물고기가 아니기에 반드시 조선 상인들에게 판매해야 하였기 때문이다. 그러나 이듬해인 1900년 3월에 다시 전남 목포로 출어하였을 때는 언어가 어느 정도 통해 비교적 쉽게 조기를 판매하고 같은 해 7월에 귀국하였다(정공흔 1979; 片岡千賀之 2011: 121).

다음 장에서 다시 상술하겠지만, 나가사키현에서 출어한 어민을 비롯해 당시 조선해로 출어한 일본 어민들이 사용하였던 어선과 안강망은 (뒤에서 상술하는) 조선 후기의 재래식 중선이나 주목망선 혹은

|표 8| **일본 각 현의 안강망 출어 상황**

	1905	1906	1907	평균 승조원 수 (저자 계산)
후쿠오카현	62척 125명	64척 131명	79척 159명	2.6명
나가사키현	71척 136명	79척 160명	98척 196명	2명
구마모토현	84척 163명	108척 206명	96척 192명	1.9명
사가현	17척 45명	30척 81명	25척 51명	2.5명
기타	22척 47명	30척 72명	28척 66명	2.3명
계	257척 516명	311척 650명	326척 664명	2.1명

자료: 『조선해수산조합보』 3호(1907. 10); 4호(1909. 3). 片岡千賀之(2011: 114)에서 재인용.

1930년대에 개량된 안강망선과 비교하였을 때 상당히 작았다. 표 8에서 보듯이, 1905년에서 1907년까지 서일본의 각 현에서 조선해로 출어한 안강망 어선의 승조원 수를 보면 대체로 1.9명에서 2.6명이며 전체 평균 2.1명에 불과하였다. 이처럼 출어 초기 일본 어민의 안강망과 어선은 크기가 작고 인력이 적게 들어 자본이 적게 필요하였던 반면, 당시 조선의 재래식 어선과 어구는 크기가 크고 많은 인력을 필요로 하였다. 이러한 점에서 일본의 안강망이 조선의 중선망과 주목망에 비해 우수하다고 평가되기도 하였다. 이점을 강조하고 있는 『매일신보』 1913년 8월 6일자에 실린 「안강망 어업 장래」라는 기사를 현대어로 고쳐 인용해 보겠다.

조선에는 오래전부터 사용하는 중선(中船) 및 해선(鰮船)이 있어 모두 조류를 이용함이 우리 안강망과 유사하나 비용이 막대하고 또 다수의 승조원을 필요로 하여 하루아침이라도 어황이 좋지 못하면 엄청난 손실을 입어 다시 일어나지 못할 상처를 입는다. 중선 1척에 3,000원을 필요로 하고 승조원 또한 40명을 세는 데 반하여 안강망 어선은 어선 및 선구 운전 자급을 합하여 1,000원이면 충분하고 또한 승조원 선주를 합하여 겨우 3명 혹은 4명이면 충분하다. 중선 1척으로 능히 안강망 어선 3척을 작업하게 할 수 있고 인원은 10명 내지 12명으로 충분하다. … 대개 의견이 동일하지는 않지만 지금 조선인 사이에도 점차 안강망이 간편하여 적은 자금으로 활동할 수 있다는 편리함을 인정하여 개량형 어선의 건조에 바쁜 경향이 있는바 금년도에는 여러 척 새로 건조하는 일이 있을 것이다. … (김명년 역 2007).

이 기사는 조선의 재래식 중선 한 척에 3,000원이 들고 40명이 필요한 것에 반해, 일본의 안강망 어선은 그것의 1/3 수준인 1,000원밖에 들지 않고 승조원 역시 3~4명이면 충분하기에 조업에 훨씬 유리하다는 점을 지적하고 있다. 또 조선의 중선이 서해의 조류를 이용한다는 점에서는 안강망과 비슷하나 생산성이 떨어지고 막대한 자본이 필요하기에, 조선인들도 점차 소자본이 필요한 개량형 어선을 건조해 안강망 어업에 참여하려 한다고 덧붙이고 있다. 이 기사를 통해 안강망이 도입된 지 14년이 지난 1913년까지도 일본인의 안강망 어선은 40명이 탑승하는 조선의 재래식 중선에 비해, 건조 비용이 1/3밖에 들지 않고 승조원도 3~4명에 불과한 작은 어선과 어구였음을 알 수 있다.

안강망의 대형화

안강망 어선과 안강망의 크기는 1900년대와 1910년대를 거치며 점차 커지는 경향이 나타난다. 앞서 나가사키현에서 출어한 마쓰모토(松本吉三郞)는 세 번째 출어인 1901년 출어 때는 1900년에 이어 어선과 어구를 또다시 지었다. 이때 어선의 길이를 11m에서 12.6m로, 그물의 길이는 63m에서 90m로 키웠다. 또 후쿠오카현(福岡縣)의 경우도 1900년 출어 시에는 길이 7.2m, 폭 1.2m인 3인승의 소형 어선을 사용하였으나, 1916년에는 폭 2.7m의 4인승 어선으로 커졌고, 1930년에는 견폭이 3.6~3.9m에 이를 정도로 어선이 커졌다(片岡千賀之 2011: 126).

이 같은 맥락에서 요시다는, 20세기 초 조선해에 나타난 안강망 어선은 "배와 그물 모두 소형으로 승조원은 2~3명에 지나지 않았지만, 1915년경에는 견폭 3m 길이 약 14m, 승조원 5명(그중에 2명은 조선인)이 되었다"고 언급하고 있다(吉田敬市 1954: 191).

또 『한국수산지』I 의 도해편에 따르면, 당시 안강망이 어획 대상에 따라 황목안강망(荒目鮟鱇網), 세목안강망(細目鮟鱇網), 전내안강망(田內鮟鱇網)의 세 가지로 구분되었다. 이 중 도미, 조기 등 큰 물고기를 어획하는 황목안강망은 망구의 가로가 18m, 폭이 15m이고, 길이가 70.5m이었다. 1900년대 후반이 되면, 어선은 (후대의 것과 비교하면 여전히 작지만) 견폭 1.5~1.8m, 길이 9~11m, 3인승으로 커지고, 안강망은 「전어지」에 기술된 조선 후기 어조망 수준인 18m 내외까지 상당히 커진 것을 알 수 있다.

일본 어민들의 통어가 시작되고 약 20년 뒤인 1919년에 출간된 『원양어업조사보고』에는 당시 사가현(佐賀縣)과 구마모토현에서 조선해로 통어하던 안강망선의 도면이 있어 당시 안강망선의 크기를 보다 정확히 알 수 있다. 당시 사가현의 안강망선은 길이 12.4m, 폭 2.9m, 깊이 1.1m이었고, 구마모토현의 안강망선은 길이 13.3m, 폭 2.9m, 깊이 1.1m이었다. 1910년대 후반이 되면, 나가사키현에서 출어한 마쓰모토의 안강망선에 비해 길이는 3m 이상 길어졌고, 폭은 2배 이상 넓어진 것을 알 수 있다.

안강망의 전개 방식이 범포식으로 바뀌기 전인 1970년대까지, 어선의 길이가 (안강망 망구의 위아래를 지탱하는) 암해와 수해의 길이와 상응한다는 점(강병무 1994: 44)을 감안하면, 1910년대 후반이 되면 안강망의 망구가 적어도 13m 이상까지 대형화되었다는 것을 알 수 있다. 현대식 강선(鋼船)이 보급되기 직전인 1960년대 후반 전남 영광군에서 조기·갈치·병어 등을 어획하던 범선 안강망선은 15톤에 8인승으로 한 변이 12m, 전체 길이가 75m인 안강망 1쌍을 싣고 수심 60m 내외에서 조업하고 있었다. 즉, 1910년 전후가 되면 안강망은 일제 시기를 거치며 완전히 개량된 형태라고 볼 수 있는 1960년대 후반 안강망의 크기에 거의 근접하게 된다. 다만 안강망 한 쌍을 싣고 조업하였다고 설명하고 있어 도면 속 안강망이 조기잡이용이 아니라 상대적으로 소형인 갈치잡이용 안강망이었다고 추정된다. 이 보고서는 서해 각 지역의 대형 안강망선 여섯 사례를 적고 있는데, 대형 안강망 동력선은 15~40톤에 8~9 인승으로, 망구 한 변의 길이가 12~25m, 전체 길이가 50~75m인 안강망을 사용해, 수심 10~45m, 10~60m 혹은 10~100m에서 조기·갈치·강달어 등을 어획하였다(국립수산진흥원 1967: 79~93).

안강망과 어선의 대형화와 함께 안강망을 사용하는 조선 어민의 숫자도 급격히 늘어났다. 아래 표 9를 보면 일본인이 안강망을 개량해 전남 목포에서 성공하고 14년 뒤인 1913년이 되면, 조선인 소유의 안강망 통수(508통)가 일본인 소유 통수(152통)보다 더 많아지고, 양 민족 간의 격차는 매년 더 벌어지는 것을 볼 수 있다. 그런데 여기서 한 가지 주목할 점은 조선인 소유의 안강망이 2,000통을 넘어서는 1920년대 후반까지도 조선 어민들이 일본형 어선이 아니라 재래형 어선에서 안강망을 사용하였다는 점이다.

이와 관련 다소 이른 시기인 1913년 12월 12일자 『매일신보』 기사를 참조해 보면, 평남 안주군에서 안강망의 사용법을 조선인에게 교습해 주었는데, 당시 조선인은 조선식 및 지나(支那)식(중국식) 선박을 타고 나가 안강망으로 새우류를 어획하였다. 다시 말해, 조선 어민들 사이에서 그물은 중선망에서 안강망으로 바꾸지만 어선은 그대로 재래식을 사용하는 양상이 나타났다.

『어선조사보고서』 2책(1928)을 보면, 경기도 강화군 길상면 택리에서 조사된 8척의 재래식 어선은 모두 석수어 안강망을 사용하고 있었다. 당시 8척의 재래식 어선은 길이 12.3~15.2m, 폭 4.4~5.2m, 높이 1.5~1.8m였고, 이를 평균치로 계산해 보면 길이 14m, 폭 4.8m, 높이 1.7m였다. 이 보고서에는 재래식 중선의 도면이 실려 있는데, 중선의 크기는 15.2m, 4.9m, 2.1m였다. 또 1924년에 제작된 경기도 시흥 노량진(현재 서울 노량진)의 재래식 어선도 안강망을 사용하고 있었는데, 이 어선은 길이 11.1m, 폭 4.3m, 깊이 1.4m였다. 황해도 해주 서변면 용당리에서도 재래식 어선 2척이 안강망을 사용하고 있었는데, 길이 11.4m, 폭 5m와 길이 13.4m, 폭 5.3m이었다. 특히, 1917년에 제작된 평안북도 철산군 정혜면 등곶동의 길이 13.2m, 폭 5.3m의 재래형 어선은 중선망과 안강망을 함께 사용하고 있었다. 당시 전체 어선 중에서 재래형 어선의 비율이 (안강망이 널리 보급된 서해에 접해 있는) 경기, 황해, 평안도, 전라북도에서는 72%에 달하였고, 남해와 함께 접해 있는 전라남도에서도 52%였다. 요컨대, 안강망이 이미 조선인에게 널리 보급된 1920년대에도, 많은 조선 어민들이 재래식 어선에서 안강망을 사용해 조업하고 있었음을 알 수 있다.

이러한 현상을 두고 정공흔(1981: 95)은 "한국 해역에서의 안강망 어업은 이 어업과 유사하였던 중선망 어업과 혼합되어 조업하였다"고 말하며, 아직까지 "일정한 안강망 어선의 선형이 정착되지 않았음을 말해 주고 있다"고 평가한다. 그는 1920년대 후반 어선 개량 사업을 거치며 점차 일본식 중선이라는 의미의 이른바 '일중선'(日中船)으로 정착되어 간 것으로 설명한다. 그러나 당시에 본래 중선망이나 주목망을 사용하던 조선의 재래식 어선에서 안강망을 사용한 것은 소위 일본식 중선이 조선의 조기 어업에 적합한 형태로 아직 개량되지 못하였기 때문이었다고 평가하는 것이 적절하다.

『어선조사보고서』 2책에 보고된 1920년 전후에 제작된 조선 재래식 어선을 앞서 인용한 1919년에 간행된 『원양어업조사보고』에 기재된 일본인 안강망 통어선과 비교해 보면, 조선 재래식 어선이 길이와 높이가 약간 길었을 뿐 아니라 폭은 두 배에 달하였음을 알 수 있다. 일본인 안강망 통어선이 길이와 폭 모두 급격히 커졌지만, 1920년대까지 일본인의 안강망 어선은 조선 재래식 어선에 비해 여전히 작았다. 일본인 안강망 어선의 폭이 좁았다는 점은 1910년대 초 총독부가 개량 안강망선을 조선인들에게 견습하게 하며 찍은 「1910년대 초반 전라남도 지도군 전습 중인 안강망 어업 전습선」 사진에서도 확인할 수 있다. 오른쪽 사진에 나온 안강망선의 견폭을 선상에 서 있는 사람의 키와 비교해 보면, 견폭이 기껏해야 1.5m 내외 불과해 보인다.

안강망선의 대형화 과정에서 안강망의 망구가 넓어지면서 어선의 길이가 길어졌다는 점도 중요하지만, 어선의 폭이 넓어졌다는 점에도 주목할 필요가 있다. 어선의 폭이 좁으면 저항이 적어 빠른 속도로 항해하는 데에는 유리하지만, 적재량이 적고 특히 바다 위에 며칠씩 오랫동안 떠 있거나 물고기가 가득 든 무거운 그물을 내리고 올리는 데는 불리하다. 이와 관련해 가키모토·나카무라(柿元一·中村唯七)는 안강망의 단점으로, "① 일단 큰 닻을 투하해 조업에 착수한 뒤에 어장을 변경하려 하면, 수심

1910년대 초반 전라남도 지도군 전습 중인 안강망 어업 전습선
자료: 조선총독부(1913).

60~75m에 있는 그물과 닻을 올리는 데 대략 3시간이 필요하며, ② 배의 길이보다 더 긴 수해와 암해• 등을 적재하고 그 중량이 대략 600kg에 달하기에 날씨가 안 좋을 때는 항해가 매우 위험하고 또 그물에 달아 놓은 줄들이 어지러워, 사고가 종종 발생하고, ③ 투망(投網)과 양망(揚網)• 시에는 조류를 선체의 옆으로 받기에 날씨가 안 좋은 날에는 배가 기울어져 양망이 불가능하며, ④ 또 해저의 형태와 조류의 방향이 변화해 암해가 해저에 걸려 고장을 일으켜 어구 일절을 버리는 일도 적지 않다"고 지적하였

수해와 암해: 바닷속에서 그물의 입구를 벌리기 위해, 그물 입구의 상하에 부착하는 장치이다. 입구의 상단에 부착되는 수해는 보통 물에 잘 뜨는 대나무로 만들고 하단에 부착되는 암해는 무거운 참나무로 만든다.

투망과 양망: 투망은 그물을 바닷속에 넣는 것이고 양망은 그물을 배 위로 끌어 올리는 것이다.

다(柿元一 · 中村唯七 1933: 23).

위의 네 가지 단점 중 세 번째에 주목해 보면, 서해는 조류가 강하기 때문에 투망 및 양망 시에 선체가 기울어져 작업이 불가능해지는 경우가 있었던 것이다. 앞서 『임원경제지』의 「전어지」에서 설명한 조선 시대 중선망에서 물고기를 꺼낼 때 급격히 기울어지던 상황과 마찬가지로, 물고기가 가득 담긴 안강망을 올리다보면 선체가 급격히 기울어졌고(「작업 중인 소형 안강망선」 사진 참조), 전복되는 것을 방지하기 위해 선체의 폭이 크게 넓어질 필요가 있었던 것이다. 「작업 중인 소형 안강망선」 사진을 보면, 이미 1930년대 소형 안강망선이 그물을 올린 뒤에 선측(船側)으로 암해, 수해, 그물 등을 올리고 있는 장면이다. 양망을 마친 후이지만 여전히 선체가 한쪽으로 심하게 기울어지는 것을 볼 수 있다. 이와 관련해 "전마선처럼 폭이 넓게 둥글게 되는 방식으로 조업상 편리하게 발달해 지금과 같은 선형을 띠게 되었다"는 1930년대 후반 일본인 연구자의 언급도 이를 두고 한 말일 것이다(和田長三 1938: 179).

그런데 1920년대를 거치며 서일본에서 조선해로의 안강망선의 출어가 급감한다. 예를 들어, 나

작업 중인 소형 안강망선
자료: 和田長三(1938: 183).

가사키현에서 조선해로의 안강망선 출어는 1921년 136척까지 급증하였다가 점차 줄어들어 1936년에는 37척에 불과해진다. 후쿠오카현에서도 1907년 128척까지 급증하였다가 점차 줄어들어 1937년에는 15척에 불과해진다(片岡千賀之 2011: 122~126). 이와 대조적으로 1930년 들어 안강망 개량형 어선의 크기는 이전보다 한층 더 커짐에 따라, 1910년 전후부터 안강망을 도입해 재래식 어선에서 사용하던 조선 어민들도 점차 개량형 어선을 사용하기 시작하였다.

1930년대 후반 보고서에 따르면, 당시 안강망 어선은 일본형으로 조선산 나무가 아니라 일본산 나무로, 조선보다는 일본에서 건조한 것을 선호하는 경향이 있었고, 어선은 보통 길이 15m, 견폭 3.9m, 깊이 5척 1.6m 정도에 6~7명이 탑승하였다(安見五十馬 1936: 13~14). 또 1930년대 중반 조기를 어획하던 대형 안강망선은 길이 21m, 폭 4.5m로 승조원 6~7명이 탑승하고, 소형 안강망선은 길이 10.5m, 폭 3.9~4.5m로 승조원 5~6명이 탑승하였다는 보고도 있다(和田長三 1938). 1910년대 후반 일본에서 통어하던 어선과 비교해 보면, 길이와 견폭이 상당히 길어졌고, 특히 어선 폭의 경우에는 거의 두 배 가까이 늘어 조선의 재래식 어선의 크기와 엇비슷해졌음을 알 수 있다.

(안강망이 도입되고 10년이 넘게 지난 1910년대 이후의 자료이지만) 표 9에서 안강망 통수와 통당 견적액의 변화를 살펴보면, 안강망이 개량되는 시기와 장기적인 대형화 경향을 뚜렷이 볼 수 있다. 안강망의 통수는 전시기를 통틀어 지속적으로 증가하지만, 특히 1920년대 중반과 1930년대 후반에 급증하

|표 9| **어구별 수량과 견적액**

(단위: 통, 엔)

어구별		1912	1915	1918	1923	1929	1935	1940	1943
어살	합계	1,773 (85,415)	1,157 (64,621)	999 (120,830)	1,200 (231,952)	1,267 (325,481)	1,191 (236,651)	920* (155,903)	993* (589,876)
	조선인 수량(견적액)	1,750 (84,725)	1,152 (62,701)	993 (119,565)	1,195 (230,631)	1,249 (317,738)	–	–	–
	일본인 수량(견적액)	23 (690)	5 (1,920)	6 (1,265)	5 (1,321)	18 (7,743)			
중선망	합계	245 (14,341)	318 (47,740)	209*** (44,352)	257**** (95,385)	180 (21,055)	653***** (75,369)	763 (318,500)	476 (267,141)
	통당 견적액	59	150	212	340	117	139	417	561
	조선인 수량(견적액)	245 (14,341)	317 (47,620)	209*** (44,352)	257**** (95,385)	177 (20,595)	–	–	–
	일본인 수량(견적액)	–	1 (120)	–	–	3 (460)			
주목망	합계	872 (21,396)	2,110 (41,862)	1,892 (110,219)	2,022 (145,636)	4,371 (148,855)	5,758 (137,770)	2,923 (242,464)	2,341 (267,141)
	조선인 수량(견적액)	291 (12,896)	1,389 (36,002)	1,889 (109,655)	2,021 (145,436)	3,243 (137,055)	–	–	–
	일본인 수량(견적액)	581 (8,500)	721 (5,860)	3 (564)	1 (200)	1,128 (11,800)			
궁선망	합계 (조선인)	–	208** (5,782)	248 (20,789)	322 (14,770)	292 (17,078)	299 (32,390)	345 (28,915)	427 (41,960)
해선망	합계 (조선인)	–	–	433*** (75,668)	540**** (119,481)	–	378***** (139,550)	409 (231,320)	269 (180,080)
안강망	합계	591 (75,354)	1,001 (72,403)	1,153 (244,031)	1,700 (674,491)	3,248 (687,660)	3,429 (948,443)	6,727 (3,284,445)	7,262 (5,630,640)
	통당견적액	128	72	212	397	212	277	488	775
	조선인 수량(견적액)	251 (40,595)	554 (36,868)	779 (163,711)	1,251 (478,218)	2,559 (542,030)	–	–	–
	일본인 수량(견적액)	340 (34,759)	447 (35,535)	374 (80,320)	449 (196,273)	689 (181,160)			

주: *는 통발어살을 제외한 화살어살만의 수치임. **는 1914년, ***는 1917년, ****는 1919년, *****는 1936년 수치임.

자료: 『조선총독부통계연보』(1912~1943).

는 양상을 보였다. 1920년대 후반 안강망의 통수가 급격히 증가한 것은 1920년대를 거치며 서일본에서 조선해로의 안강망선의 출어가 급격히 줄어드는 한편, 안강망이 급격히 대형화된 것과 관련이 있어 보인다. 안강망의 통당 견적액이 1910년대 후반부터 큰 폭으로 증가하는 것을 볼 수 있다. 안강망의 통당 견적액은 통어 초기에는 중선망의 통당 견적액에 비해 훨씬 낮았지만, 1910년대 후반이면 이미 중선망을 능가하게 된다. 1930년대 후반에 다시 크게 늘어 1940년의 통당 견적액은 1913년 통당 견적액의 4배에 이르게 된다.

안강망 통수의 증가는 조선의 재래식 어구에도 영향을 미쳤는데, 우선 1910년대 안강망 통수의 증가는 어살에 큰 영향을 미쳤던 듯 보인다. 1912년 1,773통에 달하던 어살은 1917년 780통까지 줄어들고 이후로도 1,000여 통 수준에 머물렀다. 1910년대 초반 조선총독부의 통계 자료가 일반적으로 과소평가되어 있다는 점을 감안하며, 당시 어살의 수가 더 가파르게 급감하였다고 추정할 수 있다. 1910년대 후반부터는 중선망이 큰 타격을 입었다. 앞서 살펴보았듯이 1920년대는 개량된 안강망을 구입해 재래식 어선에서 사용하는 과도기이다. (다만, 1923년 137통까지 감소하였던 중선망이 1920년대 후반부터 다시 증가해 1940년까지 계속해서 늘어나는 현상에 대해서는 추후 설명이 필요해 보인다.) 안강망의 통수는 1930년대 후반 들어 다시 한번 급증하는데, 이는 (아마도 조기잡이용) 주목망에도 큰 타격을 입혔던 것으로 보인다.

1930년대 후반 들어 안강망의 통수가 급증한 것은 앞서 설명한 이 시기 안강망선의 대형화와 안강망의 개량과 관련 있어 보인다. 예를 들어, 안강망은 주요 조기 어장 중 하나였던 연평도 근해에서 1930년대까지도 조기 어업에 널리 사용되지 못하였던 듯 보인다. 『조선해통어조합연합회보』의 보고에 따르면, 1902년까지 연평도 어장에는 안강망이 진입하지 못한 상태였다. 1904년부터 일본인 안강망선이 조기를 어획하기 위해 황해도 연평도 근해로 진출하였으나 조류가 급해 망구가 여러 차례 파손되어 실패한 뒤로 일시적으로 종적을 감추었다가, 1907년에 어구를 개량하며 비로소 호성적을 올리게 되었다(농상무성수산국 1911: 319~320).

그러나 황해도 연평도 근해에서 조기 어업에 안

강망이 폭넓게 사용되기 시작한 것은 그때로부터 한참이 지난 뒤의 일이었던 것으로 판단된다. 이에 대한 근거로 1935년 6월 22일자 『매일신보』의 「석수어 포획에 안강망을 장려」라는 제목의 기사를 보면, 당해 조선총독부 식산국 수산과에서 황해도 연평도 근처의 용호도에서 안강망을 사용해 석수어를 포획하는 데 최초로 대성공하였고 이어 갈치 어업에도 시험하려 하였다. 이러한 안강망의 성공적인 개량은 1935년 이후 안강망 통수가 급격히 증가하게 되는 데 결정적인 영향을 미쳤을 것이라고 판단된다.

요컨대 1899년 목포 근해에서 조업에 성공한 안강망이 처음부터 망선망·중선망·주목망, 심지어 궁선망 등 조선의 재래식 어구 전체와 경합하지는 않았을 것이다. 일본인의 출어 초기에는 안강망이 너무 작았고, 안강망이 급격히 대형화된 뒤에도 조기가 무리지어 회유하는 길목을 막고 서 있으면서 깊은 바다 밑까지 그물을 내렸다가 물고기가 담긴 무거운 그물을 다시 들어올리기에는 어선도 너무 작고 승조원 역시 너무 적었기 때문이다. 『익원경제지』의 설명처럼 조기 어업에서 "그물이 아주 큰 것이 아니면 물고기(조기)를 수용하지 못하고, 배가 아주 큰 것이 아니면 그물을 이겨 내지 못한다". 따라서 "안강망은 원래 내만 혹은 연안의 간사지 근처에서 소규모로 행해지던 것이지만, 점차 난바다로 어장을 찾아 나아갔다"라는 일본인 연구자의 지적처럼(和田長三 1938: 180), 안강망은 난바다에서 조업하는 재래식 어구보다는 비교적 연안에 설치되는 재래식 어구들과 단계적으로 경쟁해 나갔을 것이다.

6

재래식 어업 관행과 기술 변용

조기(와 서해산 청어)는 거대한 무리를 지어 늦봄부터 초여름까지 약 두 달 동안 한반도의 서남부에서 압록강까지 회유하는 어종이다(정문기 1997: 142). 앞서 제2장에서 검토하였듯이 조선 후기 서해의 어민들은 크고 튼튼한 어조망과 이를 지탱해 주는 크고 안정적인 어선을 사용해, 한번에 수천 마리에서 수만 마리까지 조기를 어획하고 이를 해상에서 상고선에 판매하거나 육지의 객주에게 전매해 전국으로 유통시켰다. 어민들은 조업 기간을 최대한 늘리기 위해 동중국해에서 회유해 오는 조기를 쫓아 남에서 북으로 수백 킬로미터를 항해하며 조업하였다. 그럼에도 조업 기간은 길어야 30~40일 정도에 불과하였다. 이처럼 짧은 기간 동안 가장 상품 가치가 높은 물고기 중 하나인 조기를 최대한 많이 어획하기 위해 어민들은 어기 동안은 육지로 들어오지 않고 선상에서 생활하며 밤낮으로 쉬지 않고 조업하였다.

이 장에서는 안강망의 도입이라는 기술적 변화에도 불구하고 조선 후기의 어업 관행이 일제 시기에도 지속되었고, 오히려 안강망을 조기 어업에 적합한 방식으로 변용시키는 원인이 되었음을 보이고

자 한다. 다시 말해, 이 장에서는 제3장에서 검토하였던 안강망 기술의 전파 이후 나타난 어선과 어구의 급속한 대형화를, 일본에서 들어온 안강망 어선이 재래식 조기 어업기술과 관행에 적합한 방식으로 변용되어 가는 문화적 과정으로 이해할 것이다.

대형 어선과 어구

사실 월경 어업 초기 안강망 어선을 타고 온 일본인은 안강망만을 사용해 조업한 것은 아니었다. 당시 가장 큰 도미 어장 중 하나였던 현재 군산시 죽도 근해에서 일본 어민은 주로 연승, 즉 주낙을 사용해 도미를 어획하였으나, 도미의 산란기에는 "연승, 외줄낚시 등의 어선은 모두 안강망으로 바꾸어 달고" 출어하였다(농상공부수산국 1908: 232). 일본인의 안강망 어선은 계절과 대상 어종에 따라 연승을 사용하기도 하였다. 앞서 1899년 안강망을 가지고 처음 월경 어업을 하였던 나가사키 어민인 마쓰모토도 언어 제약으로 인해 조기 판매에 난항을 겪자, 히로시마현(廣島縣)의 도미 연승을 구입해 조업하다가 12월에 귀국하였다(片岡千賀之 2011: 121~122). 다시 말해, 안강망 전용 어선이 별도로 존재하였던 것이 아니라 기존의 연승, 외줄낚시를 하던 어선에 안강망을 싣고 출어하는 방식이었다. 표 10에서 보듯이, 도미 연승·삼치 유망·삼치 일본조(一本釣)●·우다세망(打瀨網)●·수조망(手繰網)●을 사용하는 어선은 평균 승조원 수가 3~5명으로 어기(漁期)에 따라 평균 승조원 수가 3.2명인 안강망을 겸용하는 데에 큰 문제가 없었다.

앞서 제3장에서 검토하였듯이, 안강망이 개발되던 경위를 보면 안강망은 본래 조기 잡기를 위해 개발된 어구가 아니었다. 다시 언급하면 1854년경 안강망이 최초로 발명된 계기는 젓새우를 잡기 위해서였고, 이어 몇 년 뒤 개량된 것은 새우와 도미를 잡기 위해서였다. 1899년이 되어 비로소 조선의 서해에서 조기를 어획하고 이를 조선의 상고선에 판매하기 위해 안강망이 도입되었다. 그러나 일본인이 도입한 안강망은 역시 조기잡이용 전용 어구는 아니었다. 조선 어민들이 오랫동안 종사해 온 조기어업은 일본 규슈 아리아케해 근방의 일본 어민들이 어획해 온 젓새우, 새우, 도미 등의 연안 어종과는 성격이 달랐다. 조기는 대규모로 무리지어 한반

일본조: 1개의 낚싯줄에 1개의 바늘을 붙인 낚시 도구를 말한다.

우다세망: 풍선 선체에 평행하게 바닷속에 그물을 펼쳐 넣은 뒤, 바람이나 조류의 힘으로 배를 옆으로 미끄러지게 하는 방식으로 그물을 당겨 어패류를 어획한다. 일본에서 발전한 독자적인 어법이라고 말하기도 한다.

수조망: 예망(曳網)의 일종으로, 멀리 그물을 던져 바닷속에 넣어 물고기가 있는 장소를 둘러친 뒤에 그물을 배 위로 끌어올려 어획한다.

|표 10| **대일본국 농상무성 어업 통계표**

(단위: 척, 인, 엔)

1905~1910년 평균치 / 어구명	일본 어선의 1905~1910년간 평균 입어 상황			
	입어선(入漁船)(A)	승무원(B)	어획금액	B/A
멸치망	484.33	3,292.66	462,297.5	6.8
도미 연승	610.16	2,785.16	449,670	4.6
삼치 유망	429.83	1,782.67	319,050	4.1
삼치 일본조	112.83	454.67	33,056	4.0
상어 일본조	154.67	915	70,563.83	7.9
고등어 일본조	229.67	1,462.5	69,093.67	6.4
타뢰망	102.17	383.67	41,470.83	3.8
수조망	148.9	519.17	48,165.83	3.5
잠수기●	79.17	626.33	73,418.5	7.9
안강망	293.67	933.83	114,098.83	3.2
기타	567.17	2,665.83	532,301.5	4.7

자료: 장수호(2011: 144~155)에서 재인용.

잠수기: 잠수기(潛水機)는 배 위에서 펌프로 공기를 불어넣어 주는 헬멧을 쓰고 잠수부가 해저로 내려가 어패류를 어획하는 것을 말한다.

도의 서해와 남해를 짧은 기간 회유하는 어종이다.

서해에서 일본인의 어업 방식은 도미 연승(1880년대), 삼치 유망(1890년대) 어업에서 조기와 도미를 함께 어획하는 안강망(1900년대) 어업으로 단기간에 급격히 변화하였다. 당시 서해에서 매우 활발히 조업하던 일본 어민의 삼치 유망 어업이 안강망 어업으로 전환된 것은, 일본으로의 장거리 어물 유통이 어려웠던 것과 관계가 있었다. 일본에 가져가지 못한 어물은 조선에게 판매해야 하였다. 그러나 조선인이 선호하지 않는 어물은 조선인이 구입하지 않거나 헐값에 구입하였던 반면, 조선인이 선호하는 어물은 좋은 값을 받고 넘길 수 있었다. "원래 서안에서 잡은 봄 삼치는 조선인 출매선(出買船)•에 판매하는 것 외에는 판로가 없었지만 조선인이 먹지 않는 삼치를 조선에 팔아도 가격은 매우 쌌다." 반면, 조선인이 선호하는 조기는 조선인 출매상인이 좋은 값에 구입하였기 때문에, 일본인의 안강망 어업도 급속하게 발전하였다(神曲丹路 1998: 71~72).

출매선: 어선에서 어획한 어패류를 육지의 포구로 실어나르는 상선을 말한다.

사실 조선 특유의 어업기술이라고 언급되곤 하는 중선망은 조선뿐 아니라 황해를 공유하는 중국이나 일본의 조류가 강한 해역에서 널리 사용되는 어구였다. 먼저 중국 발해만 근해에서 사용되는 선장망(船張網)은 조선의 재래식 중선망과 구조가 동일하다. 또 일본 규슈의 아리아케만에서 안강망의 원형이 되었다고 하는 시게아미는 조선 서해안에서 사용되던 궁선망과 어구 구조가 사실상 동일하다. 또 젓새우를 어획하던 어구인 아미토리(アミトリ)• 도 조선 서해안의 중선망과 기본 구조가 거의 같다.

아미토리: 일본 규슈 아리아케해에서 사용되던 어구로, 양현에 각기 그물을 찬 뒤에 조류에 휩쓸려 들어오는 어류를 어획한다는 점에서 중선망과 구조나 원리가 동일하다. 佐賀縣立博物館(1999)의 그림을 참조하기 바란다.

조선의 어구와 중국·일본의 어구 간의 핵심적

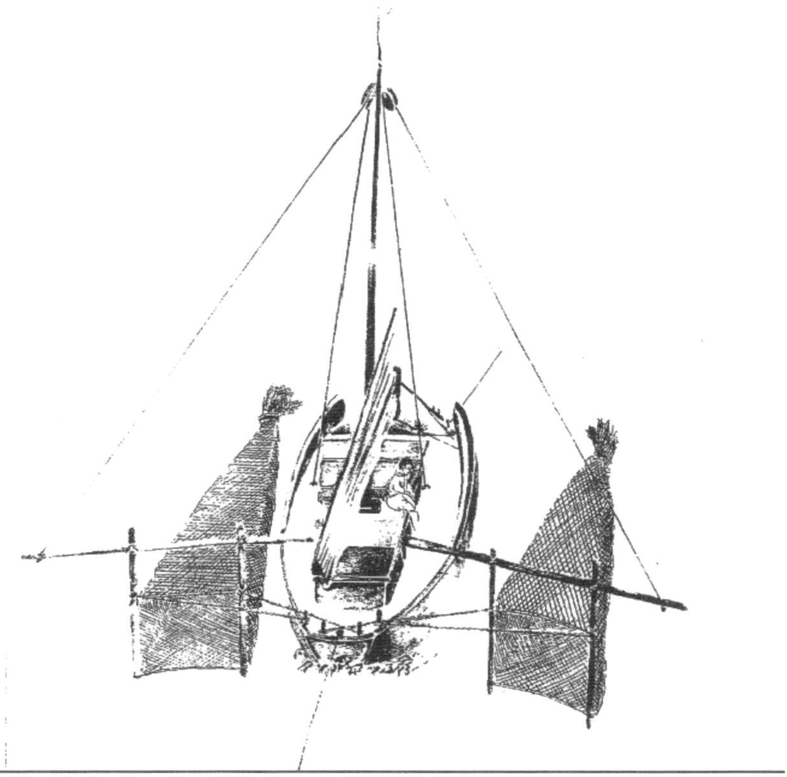

선장망
자료: 野澤重一(1937: 31).

인 차이는 바로 어선과 어구의 크기와 강도에 있었다. 앞의 중국의 선장망은 그물 두 장을 선체 양측에 각각 붙이고 조류를 타고 들어오는 새우가 들어가기를 기다리는 어구로 조선의 중선과 구조가 동일하다. 그러나 선장망은 망구가 높이 1.5m, 폭

2.4~3.6m, 길이 6~9m에 불과하다(野澤重一 1937: 31; 岡本正一 1940: 85).

이러한 차이는 일본의 아미토리와 비교할 때 더 현격하다. 아미토리는 삼각형의 대나무 틀에 코가 세밀한 그물을 붙인 다음 선체 양측에 대나무 틀을 각각 붙인 뒤 물고기가 들어오기를 기다렸다가 대나무 틀을 들어 올려 어획하는 어구이다. 조선의 중선망은, 일본의 아미토리와 구조나 조업 방식이 사실상 동일하지만, 대나무 틀에 붙이는 그물의 크기가 8m에 불과하다. 이에 반해 서해의 난바다에 떠서 한번에 수만 마리가 떼를 지어 몰려오는 조기를 단기간 집중 대량 어획하기 위해, 조선의 중선망은 일본의 아미토리보다 훨씬 크고 튼튼해야 하였다. 앞서 「전어지」 등을 통해 살폈듯이, 조기잡이 어선의 양현에 부착하는 어조망은 망구 한 변이 12m이고 길이가 68m에 달하였다.

식민지기 전남 목포 근해로 넘어와 조업하였던 나가사키현의 어부 사례는, 일본 규슈의 안강망 어업과 한반도 서해의 조기 어업 간의 중요한 차이를 분명히 보여 준다. 나가사키현 후카에쵸(深江町) 어민들은 1930~1933년에 안강망을 실은 6~7척의 어선을 타고 조선해로 출어하였다. 당시 후카에쵸에서 출어한 1911년생의 젊은 어부는 음력 4월에 목포 앞바다에서 한 사리 동안 조업하고 바로 황해도 연평도로 이동해 다시 조업을 개시하였다. 폭 3.6m의 어선에 일본인 3명과 현지에서 고용한 조선인 3명을 합쳐 6명이 승선하였고, 망구의 한 변이 18m, 길이가 90m인 안강망을 사용하였다(안강망의 암해와 수해의 길이가 어선의 길이에 대응한다는 점을 감안하면, 어선의 길이가 대략 18m 내외였음을 알 수 있다). 그런데 흥미로운 점은 8월경 나가사키현으로 돌아와서는 조선에서 사용하던 안강망 어선은 더 이상 사용하지 않았다. 왜냐하면 "조선해 출어선은 조기를 대량으로 쌓기에 크지만, 지역에서는 너무 크기 때문에 사용할 수 없었고," 따라서 작은 배로 바꿔 타고 문어 통발, 카시그물(일종의 자망) 어업에 종사하였다. 즉, 어획 어종에 따라 사용하는 어구의 크기가 달라져야 하였던 것이다(片岡千賀之 2011: 124).

원정 어업

안강망선의 대형화는 조기(20세기 전까지는 조기

와 청어)를 쫓아 서안의 여러 어장을 장거리 이동하며 조업하는 조선 후기 조기 어업 관행과도 밀접히 관련된다. 한반도의 서해에서 조기 어업이 이루어지던 해역은 남으로는 전남 칠산탄에서 북으로는 평북 압록강 하구까지 매우 넓다(吉田敬市 1954: 119~124). 조기 어업의 어기가 한 달에서 한 달 반 정도로 매우 짧기 때문에, 이 기간 동안 어선은 포구로 돌아오지 않고 조기 어획에만 집중할 필요가 있었다. 일반적으로 조기잡이 어선은 포구를 떠나면 적어도 한 어기(약 10~15일) 동안은 포구로 돌아오지 않고 바다 위에 떠서 조업하였다. 어획한 조기는 어선이 싣고 포구로 돌아오는 것이 아니라 해상에서 상고선에 바로 넘겨져 서울 마포나 충남 강경 등 내륙 깊숙이 운반되었다.

어기 동안 조선 어민들은 위급 상황이 아니면 육지로 들어오지 않기에, 바다 위 선상에서 밥도 해 먹고 잠도 자며 생활하였다. 이로 인해 20세기 조기잡이에 나섰던 안강망선은 7~9명의 승조원들이 한 사리(10~20일) 동안 먹을 음식을 충분히 준비한 뒤에 출항하였고, 조기를 쫓아 수백 킬로미터를 항해해 주요 조기 어장으로 이동한 뒤 바다 위에 떠서 계속 조업하였다. 그래서 1902년 일본인 보고에는 "한인은 외국 영해에 출어하는 일은 아직 없지만, 전라, 충청, 경기, 황해 각 도의 어부는 의외로 출가 어업(出稼漁業)●의 습관을 가지고 200~240km 내지 480~520km 사이를 항시 왕복하며 조업하는 것을 본다"고 하였다(조선해통어조합연합회 1903: 65). 본래 20~40명의 승조원이 탑승하는 재래식 어선인 망선, 중선, 정선, 주목망선의 경우에는 6~9명이 탑승하는 일제 후반 이후의 안강망 어선에 비해 훨씬 더 많은 식량이 필요하였을 것이다.

출가 어업: 원래 거주지에서 떨어진 장소로 이동하여 거기서 일정 기간 어업에 종사하여 수입을 얻는 것을 말한다. 이 책에서는 '출가 어업'을 '원정 어업'이라고 한다.

실례로 2009년에 만난 충남 서천군 서면 도둔리의 김종규(남, 1913년생) 씨의 증언을 살펴보겠다. 1910년 『한국수산지』Ⅲ의 「어사일람표」(漁事一覽表)에 따를 때, 서천군 서면 도둔리는 총호수 250호(1,000여 명) 중 200호(600여 명)가 어업에 종사하던 대규모 어촌이었다. 이 자료에 따를 때 충남 도둔리는 총 314호 중 202호(916명)가 낭망 어업에 종사하고 있던 경기도 풍덕군 동면 영정포와 총 900호 중 800호가 정선 어업에 종사하고 있던 전남 진도군 조도면 다음으로 어업 규모가 컸던 마을이었다. 김종규 씨의 마을 주민들은 1920년대까지 20~30

여 명이 탑승하는 망선과 정선을 타고 봄이면 전남에서 평북까지 이동해 조기를 잡았다고 한다. 그는 1920년대 (현 전북 군산시) 연도(煙島) 근방에서 이루어진 일본인 어업과 관련해 다음과 같이 증언하였다.

> 당시에 한국으로 넘어온 일본인들 중에도 못 사는 사람들이 많았다. 러일전쟁 당시에 세금을 이기지 못해, 한 일본인은 처자를 데리고 와서 근방에서 중선(안강망선)을 가지고 물고기를 잡았다. 그때 그가 가져온 배는 작은 배였다. … 일본인들이 물고기 잡으러 타고 다니는 배들은 거의 다 3~4명 타는 작은 배들, 즉 주낙배가 많았다. 일본인들은 (조선인처럼) 물고기를 뭉텅이로 잡는 어장은 사용하지 않는다. 일본인들은 그물을 많이 쓰지 않고, 다만 주낙질만 하였다. 사실 그들은 그것(조선인과 같은 어업)을 하기가 어려웠다. 배를 타고 나가 그 즉시 잡아가지고 돌아와야 하는데 어떻게 할 수 있었겠느냐.

위의 인용문에서 보듯이 김종규 씨는 1920년대까지도 일본 어민들이 타고 온 안강망 어선이 후대의 안강망선에 비해 상당히 작았다고 설명하였다. 또 조선 후기 때 가장 유명한 조기·청어 어장 중 하나인 칠산어장에 인접한 전북 부안군 위도에서 만난 김봉필(남, 1921년생) 씨도 서천군 서면 도둔리의 김종규 씨와 동일한 설명을 해주었다. 그는 (1920년대) "일본 사람들이 안강망선을 많이 타고 왔는데 여기에 집을 지어 놓고 살았다. … 원래 일본 사람들은 작은 안강망선을 타고 왔는데, 나중에 (그것을) 발전시켜서 점차 크기가 커졌다. 일본에서 (대한해협을) 넘어왔으니 아주 작지는 않았지만, 후대의 안강망선하고 비교하면 꽤 작았다"고 말하였다.

김종규 씨는 일본인들이 타고 온 배가 작았던 이유로 다음 두 가지를 들었다. 첫째는 앞 절에서 설명한 것과 관련되는데, 일본 어민들이 조선인들처럼 큰 그물을 사용해 한번에 수천 마리의 물고기를 어획하는 방식이 아니라 주낙(연승)을 많이 사용하였기 때문이며, 이로 인해 큰 어선이 필요하지 않았다는 것이다. 두 번째는 조선인과 달리 일본인 어민은 당일 바다에 나갔다가 돌아와 어획한 물고기를 판매하는 방식이었다는 것이다. 이에 반해 도둔리의 주력 어선인 망선은 조기를 잡는 어기가 되면, 대형 그물과 각종 식자재를 배에 실고 출항해 열흘에서 한 달까지 바다 위에 떠서 조업을 계속하였다. 그러다 1920년대를 거치며 서안의 여느 마을과 마찬가지로 이 마을의 망선은 모두 6~8명이 탑승하는 안강망선으로 교체되었다.

어선과 어구는 망선에서 안강망으로 바뀌었지만, 조기 어업 관행은 이전과 똑같았다. 마을의 어민들은 오랫동안 이어온 조업 방식과 똑같이, 즉 보름에서 한 달 가까이 필요한 식량과 물을 모두 배에 싣고 수백 킬로미터를 항해한 뒤 바다 위에 떠서 어획에만 집중하였다(오창현 2011 참조).

김종규 씨에 따르면, 1920년대 이전의 망선 시절 서천군 서면에서 당시 서해의 주요 어장 중 하나였던 압록강 하구의 어영도까지 열흘에서 보름 정도 걸렸다. 같은 마을의 유치봉(남, 1936년생) 씨에 따르면, 안강망선으로는 황해도 연평도까지 보통 일주일은 가야 하는데 바람이 좋고 물때가 맞으면 3~4일 정도 걸렸다.

이렇게 평안북도에서 전라남도까지 펼쳐져 있던 서해의 주요 조기 어장을 다니며 바다 위에서 조기 어획에만 집중하는 원정 어업 관행에 대해, 전북 부안군 위도면 대리의 김창숙(남, 1928년생) 씨로부터도 들을 수 있었다. 그는 1950~1960년대 승조원이 7명인 대형 안강망을 타고 조업을 하였는데 당시 조업과 관련해 다음과 같이 증언하였다.

> 한식과 곡우 사리에는 (전남) 흑산도, 홍도, 가거도까지 내려갔다. 입하 사리쯤에 칠산바다로 조기가 올라오고 하지 사리쯤까지 (조업)하다가 고기(조기)가 없어지면 연평도로 갔다. … (현 인천광역시 옹진군) 연평도에서 두 사리, 한 달간 고기(조기)를 잡는다. … 안강망에 싣고 가는 '시코미'(식량)로는 쌀은 한 가마니에서 한 가마니 반, 물은 네다섯 드럼, 그리고 반찬을 갖추어서 간다. 그렇게 싣고 가면 보름 정도 지낼 수 있는데 사리를 보고 들어와야 하기 때문이다.

김창숙 씨는 출항 전 필요한 식자재를 전부 배에 싣기 때문에, 어장으로 가는 길에 특별히 포구에 정박할 필요는 없었다고 한다. 조선의 재래식 어선에서 안강망 어선으로 바뀐 뒤에도 조업 기간 내내 바다 위에 떠 성인 남자 7명이 함께 선상에서 생활하는 것이다. 이러한 조업 방식은 앞서 「1910년대 초반 전라남도 지도군 전습 중인 안강망 어업 전습선」 사진에서 본 1910년대 후반의 일본의 개량 안강망선으로는 불가능하였다. 이러한 조업 방식이 가능해지기 위해서는 안강망선이 선상 생활이 가능할 만큼 넓고 큰 어선으로 개량될 필요가 있었다.

결국 20세기 전환기 일본인 어부에 의해 한반도에 도입된 안강망이 조선에서 정착되기 위해서는 어업기술의 변용 과정이 필요하였다. 이때 변용이란 결국 조선인이 선호하는 조기의 습속에 맞게 발달한 조선 어민의 조업 관행에 맞추어 개량되는 것을 의미하였다. 한국과 일본 사람들은 예나 지금이나 비슷한 자연환경에 둘러싸여 있고 서로 해역을 공유하며 살아가고 있다. 그러나 소비문화의 차이나 선호 어종의 습성 차이로 인해 두 나라의 어업기술과 관행은 상이한 방식으로 전개되어 왔다. 이러한 차이는 식민지기 어업 구조와 기술 전파에도 상당한 영향을 미치며 역사적 전개 과정을 정향하고 있었다. 그리고 여기서 우리는 공학이나 생물자원학이 아니라 기술의 문화사적 영역을 읽어 낼 수 있다.

나가며

2022년에 넷플릭스에서 제작한 드라마 「수리남」을 보면, 수리남에서 값싸게 홍어를 수매해 한국에 가져다 팔기 위해 주인공이 수리남으로 이주하면서 이야기가 시작된다. 실제로 수리남에서 홍어가 수입되고 있지는 않아 이 이야기는 작가가 만들어 낸 허구에 불과하다. 그러나 한국인의 홍어에 대한 선호가 대단하여 아르헨티나, 칠레, 심지어 미국과 스페인에서 어획한 홍어가 한국으로 수출되고 있다. 해당 국가에서는 선호가 없어 값을 제대로 받을 수 없는 물고기이지만 한국에 오면 시장 가치가 전혀 달라지기 때문이다.

그런데 드라마에서 말하고 있지 않은 것 중 하나는 홍어를 본격적으로 어획하기 위해서는 이른바 선진 어업기술의 전파와 변용도 필연적이라는 점이다. 또 이렇게 전파된 기술이 수리남 사람들이나 수리남 내수 시장이 요구하는 어종에 대한 어업에도 전용될 수 있다는 점이다. 이 책은 「수리남」에서 허구로 만들어 낸 이야기가 실제로 개항 이후 근대 한국 어업에도 나타났고 나아가 내수와 수출로 양분되는 어업 구조를 정향하고 있었다는 점을 보여 주고자 하였다. 또 이러한 어업 구조의 전개 양상을 기술 수용, 변용이라는 전파 과정으로 보여 주고자 하였다.

한일 양국의 해산물 무역은 메이지 초기부터 조선의 바다로 '진출'하기 시작한 일본 어민들에게서 비롯되었고, 일본 제국주의의 팽창과 함께 빠른 속도로 확대되어 나갔다. 개항 이후 조선 어민과 조우하며 일본 어민이나 조사자가 인식한 양국의 어업기술상의 차이는 해산물에 대한 양국의 선호 차이에 근거하고 있었다. 그리고 이러한 특정 어종에 대한 양국의 상이한 선호가 양국 간의 자연환경과 경제 수준이 아니라 해산물에 부여되는 상징적 의미와 그것을 실천하는 과정과 관련되어 있다는 점을 도미와 조기를 비교하며 보여 주었다. 그리고 이러한 민족적 선호 차이가 식민지기 조선의 어업 구조를 강하게 정향하고 있었음을 확인할 수 있었다.

또 이 책은 일본에서 전파된 다양한 어업기술 중

에서 가장 크게 영향을 미친 안강망 어업기술의 전파 과정을 조선의 재래식 어업의 성장이라는 관점에서 검토하였다. 19세기 중후반 일본 규슈 서북부의 아리아케해에서 고안된 안강망은 1900년경 일본 규슈의 월경 어민에 의해 조선의 바다에서 사용되기 시작하여, 최근까지도 서남해안에서 널리 사용되는 기술이다. 이 기술은 본래 일본인이 선호하는 도미, 새우 등을 잡기 위한 것이었기에, 한국인이 선호하는 대량 회유성 어종인 조기를 어획하기에는 본래 적합하지 않았다. 안강망이 조선에서 전파되기 위해서는 조선에서 발전한 조기 어업 관행에 맞게 변용되어 가는 기술적 변용 과정이 수반될 필요가 있었다. 이는 결국 일본으로부터 전파된 기술이 변용되어 조선의 재래 어물 소비를 확대하였음을 의미하는 것이었다.

지금까지의 논의 결과 일반적으로 기술 과정은 노동력이나 노동 대상인 자연과의 관계로 환원되기 쉽지만, 이 책을 통해 이러한 과정에 문화적 요소가 깊이 개재되어 있음을 확인할 수 있었다. 즉, 기술의 실천은 사회문화적 맥락 속에서 가치관이나 관습으로부터 영향을 받아 형성되고 변형된다는 것이다. 이러한 관점에서 어업기술은 생산 대상의 자원화나 수단 효율성에 주목하는 생물자원학이나 공학뿐 아니라 민속학을 포함하는 문화인류학의 연구 대상이기도 하다. 또한 이 책에서는 본격적으로 다루지는 않았지만 상징성은 사회생활에 의해 구성되기도 하고 사회생활을 구성하기도 한다는 점에서, 어업기술은 노동 과정을 넘어선 전체 사회문화적 과정과도 맞닿아 있다. 그렇기에 특수한 맥락에서 성장한 한 국가의 기술을 마치 줄자로 키를 재듯이 쉽게 선후나 우열을 재단해 비교할 수 없는 것이다.

이 책을 통해 독자들이 우월한 기술과 열등한 기술이라는 이분법적인 관점이 아니라, 기술을 통해 다양한 사회문화적 실천이 만들어 내는 전 지구적 운동이라는 더 넓고 장기적인 관점을 발견할 수 있기를 기대한다.

참고문헌

『古今釋林』(1789 국립중앙도서관 소장본).

『貢膳定例』(1776 奎 647).

국립생물자원관(https://www.nibr.go.kr/species/home/main.jsp).

국립수산과학원(https://www.nifs.go.kr).

『萬機要覽』(1808 한국고전종합DB).

『山内料理書』(1497 저자 미상).

『世宗實錄地理志』(한국고전종합DB).

『料理物語』(저자 미상 1643, 平野雅章 譯, 教育史, 1988 참조).

일본 국립역사민속박물관 民俗語彙データベース(https://www.rekihaku.ac.jp/up-cgi/login.pl?p=param/goi/db_param).

日本農林水産省(http://www.maff.go.jp/j/tokei/kouhyou/kokusai/houkoku_gaikyou.html#r22).

『林園經濟志』의 「佃漁志」 및 「佃漁志」(서유구 1820년대경, 김명년 역, 한국어촌어항협회, 2007 참조).

政府統計の綜合窓口(http://www.e-stat.go.jp/).

『進宴儀軌』(1719 奎14358).

『進爵儀軌』(1828 奎14364).

『進饌儀軌』(1829 奎14367, 1848 奎14371, 1887 奎14404).

『海東竹枝』(1900년대 전후, 국립중앙도서관 소장본).

강병무(1994), 「鮟鱇網漁船의 발달과정과 개량방안」, 『수산연구』 8, 수산업사연구소, 33~48.

국립문화재연구소(2003~2008), 『종가의 제례와 음식』, 예맥, 1~16.
국립수산진흥원(1967), 『韓國漁具圖鑑』 2호, 아성출판사.
국립해양유물전시관(1999), 『우리배·고기잡이: 전통한선·어로민속: 강화도 곳배, 통영 통구민배, 동해안 뗏목배, 영산강 어로민속 2』, 국립해양유물전시관.
김낙년(2003), 『일제하 한국경제』, 도서출판 해남.
농촌진흥청(2008), 『한국의 전통향토음식』 1-10, 교문사.
목포수산업협동조합(1996), 『木浦水協史(1937-1995)』, 太和出版社.
박경숙(2009), 「식민지 시기(1910-1945) 조선의 인구 동태와 구조」, 『한국인구학』 32-2, 한국인구학회, 29~58.
박구병(1983), 「漁業權制度와 沿岸漁場所有·利用形態의 變遷에 관한 연구: 한말부터 일제시대말까지」, 『논문집』 30, 부산수산대, 1~45.
______(1992), 『韓國民俗綜合調査報告書: 漁業用具篇』, 문화재연구소.
박구병·허성회·이상호(1996), 「해선망어업에 관한 조사연구」, 『수산업사연구』 3, 수산업사연구소, 67~101.
박진한(2010), 『일본근세의 서민지배와 검약의 정치』, 혜안.
방신영(1913), 『조선요리제법(朝鮮料理製法)』, 廣益書館.
배영동(2006), 「안동지역 간고등어의 소비전통과 문화상품화 과정」, 『비교민속학』 31, 비교민속학회, 95~128.
오창현(2010), 「20세기 전후 서해안 대형 어선어업의 존재양상과 전개과정」, 『도서문화』 35, 도서문화연구원, 155~186.
______(2011), 「日本 '地先漁場 地元主義'의 성립과정에 대한 역사적 고찰: 日本 명치어업법의 성립과정을 중심으로」, 『중앙민속학』 16, 중앙대 한국문화유산연구소, 85~107.
______(2012), 「18~20세기 서해의 조기 어업과 어민문화」, 서울대 박사학위논문.
______(2014a), 「20세기 전반 일본 안강망 기술의 전파와 조선 어민의 수용 과정: 서해 조기 어업의 특징과 안강망 기술의 문화적 변용」, 『도서문화』 43, 도서문화연구원(「20世紀前半における日本の鮟鱇網の伝播と朝鮮漁民の受容: キグチ漁の特徴と鮟鱇網技術の変容」, 『國立歷史民俗博物館研究報告』 215호, 2015, 일부 내용 수정 후 발간), 65~102.

______(2014b), 「20세기 전반기 통구민배에 대한 민속학적 기초 연구」, 『생활문물연구』 30, 국립민속박물관, 33~55.
______(2015), 「물고기, 어업기술, 민족관습: 식민지기 어업 경제 구조에 대한 경제인류학적 연구」, 『한국문화인류학』 48-1, 한국문화인류학회(「魚, 漁業技術, 民族慣習－植民地期の漁業經濟構造に關する經濟人類學的研究」, 『國立歷史民俗博物館研究報告』 221호, 2020, 일부 내용 수정 후 발간), 39~87.
______(2022), 「20세기 충남 서천군 서면의 어업 변동과 전개(1)－원정 어업의 지속과 기술 변화－」, 『도서문화』 60집, 목포대학교 도서문화연구원, 207~240.
윤숙경(1996), 「안동지역의 제례에 따른 음식문화(2): 동제와 제물」, 『한국식생활문화학회지』 11-5, 한국식생활문화학회, 699~710.
윤숙경·박미남(1993), 「경북 동해안 지역 식생활 문화에 관한 연구(2): 제례 음식」, 『한국식생활문화학회지』 14-2, 한국식생활문화학회, 83~102.
이빙허각 저, 정양완 역(1809[1992]), 『閨閤叢書』, 寶晉齋.
장수호(2011), 『조선시대 말 일본의 어업 침탈사』, 수산경제연구원·블루앤노트.
정공흔(1979), 「안강망 어선에 대하여」, 『한국과학사학회지』 1-1, 한국과학사학회, 119~121.
______(1981), 「안강망 어선의 선형에 대한 사적 고찰」, 『제주대학논문집』 13, 제주대, 93~98.
정문기(1997), 『물고기의 세계』 7쇄, 일지사.
정약전 저, 정문기 역(1814[2002]), 『玆山魚譜』, 지식산업사.
주강현(1998), 『조기에 관한 명상: 황금투구를 쓴 조기를 기다리며』, 한겨레신문사.
페이건, 브라이언 저, 정미나 역(2018), 『피싱: 인간과 바다 그리고 물고기』, 을유문화사(Fagan, Brian M., *Fishing: How the Sea Fed Civilization*, Yale University Press, 2017).
加藤楸邨·山本健吉(1982), 『日本大歲時記』, 講談社.
葛生修吉(1903), 『韓海通漁指針』, 黑龍會出版部.
岡本信男(1965), 『近代漁業發達史』, 水産社.
岡本正一(1940), 『滿支の水産事情』, 水産通信社.

關澤明清·竹中邦香 同編(1893),『朝鮮通漁事情』, 團團社書店.
吉田敬市(1954),『朝鮮水産開發史』, 朝水會發行.
吉井良隆(1999),『えびす信仰事典』, 戒光祥出版.
鹿兒島市教育會(1937),『薩藩年中行事』, 鹿兒島市教育會.
農商工部水産局(1908),『韓國水産誌』Ⅰ, 日韓印刷株式會社.
______(1910),『韓國水産誌』Ⅲ, 日韓印刷株式會社.
農商務省(1894),『水産事項特別調査』, 農商務省.
農商務省水産局(1919),『遠洋漁業調査報告: 第六册甲乙合本小型漁船の部』, 農商務省水産局.
______(1910),『韓國水産誌』Ⅲ, 日韓印刷株式會社.
______(1911),『韓國水産誌』Ⅳ, 日韓印刷株式會社.
東京手形交換所(1933),『最近五年間各種生産高調』.
木村健二(1989),『在朝日本人の社會史』, 未來社.
民間伝承の会(1938),『民間伝承』四の五, 民間伝承の会.
______(1939),『民間伝承』五の七, 民間伝承の会.
民俗學研究所編(1957),『年中行事圖說』, 民俗學研究所.
本間久介(2008[1894]), 최혜주 역,『조선잡기: 일본인의 조선정탐록』, 김영사.
山田吉彦(2012),『日本全国お魚事典』, 海竜社.
三元社編(1933),『旅と伝説: 六の一』, 三元社.
渋沢敬三(1992),「『延喜式』内水産神饌に関する考察若干」,『渋沢敬三著作集』第一巻, 平凡社.
松下幸子(1991),『祝いの食文化』, 東京美術.
水藤眞·加藤貴編(2000),『江戸屛風を読む』, 東京堂出版.
矢野憲一(1983),『魚の文化史』, 講談社.
柿元一·中村唯七(1933),「改良鮟鱇網に關する研究」,『全羅南道水産試驗場報告』6號, 全羅南道水産試驗場.
神曲丹路(1998),「日本漁民の朝鮮への植民地化呈をたどる－岡山県和気郡日生漁民を中心として」,『青立学術論集』13, 財団法人韓国文化研究振興財団.
______(2014),「近代日本漁民の朝鮮出漁の研究: 朝鮮南部の漁業根據地 長承浦·

羅老島·方魚津を中心に」, 中央大學總合政策研究科 博士學位請求論文.
神野善治(2007), 「笑うエビスの源流」, 『笑うエビス－福神の図像学』, 武藏野美術大學 民俗資料室.
新川傳助(1958), 『日本漁業における資本主義の発達』, 東洋經濟新報社.
安見五十馬(1936), 「鮟鱇網漁業に就いて」, 『朝鮮之水産』 136, 朝鮮水産會.
岩永重華(1905), 『最新韓國實業指針』, 寶文館.
野澤重一(1937), 『滿洲國漁具便覽』, 滿洲國營口水産試驗場.
鈴木克美(1992), 『鯛』, 法政大學出版局.
原田信男(1989), 『江戸の料理史: 料理本と料理文化』, 中央公論社.
外務省通商局(1894), 『朝鮮近海漁業視察概況』, 外務省通商局.
田島佳也(2014), 『近世北海島漁業と海産物流通』, 清文堂.
田中宣一(1999), 『年中行事事典』, 三省堂.
朝鮮中央經濟會(1922), 『朝鮮産業大觀』, 朝鮮中央經濟會.
朝鮮總督府(1913), 『臨時恩賜金授産事業寫眞帖』, 朝鮮總督府.
______(1918), 『貿易統計表ヨリ觀タル朝鮮産業ノ狀況』, 朝鮮總督府.
______(1919), 『水産便覽』, 朝鮮總督府.
朝鮮總督府水産試驗場(1928), 『漁船調査報告書』 1冊과 2冊, 三秀舍(박근옹 역, 『어선조사보고서』, 대불대 산학협력단 출판부, 2007).
朝鮮總督府殖産局(1923), 『朝鮮の重要漁業』, 朝鮮總督府殖産局.
朝鮮海通漁組合聯合會(1903), 『朝鮮海通漁組合聯合會報』 4號, 三田印刷所.
佐賀県女子師範學校(1936), 『佐賀県食生活の調査』, 佐賀県女子師範學校.
佐賀県立博物館(1999), 『有名海博物誌』, 佐賀縣立博物館.
竹国友康(2013), 『ハモの旅､メンタイの夢: 日韓さかな交流史』, 岩波書店.
川本重雄·小泉和子編(1998), 『類聚雜要抄指圖卷』, 中央公論美術出版.
沢井実·谷本雅之(2016), 『日本経済史: 近世から現代まで』, 有斐閣.
片岡千賀之(2011), 『長崎縣漁業の近現代史』, 長崎文獻社.
下啓助·山脇宗次(1905), 『韓國水産業調査報告』, 農商務省水産局.
海洋漁業協会編(1939), 『本邦海洋漁業の現勢』, 水産社.
鄉土生活研究所(1937~1939), 『沿海手帖』, 鄉土生活研究所.

和田長三(1938),『漁のしるべ』, 協同印刷社.

荒垣秀雄(1932),『北飛驒の方言』, 刀江書院.

Mintz, Sidney W.(1985), *Sweetness and Power: the Place of Sugar in Modern History*(김문호 역,『설탕과 권력』, 지호, 1998).

Muscolino, Micah S.(2009), *Fishing Wars and Environmental Change in Late Imperial and Modern China*, Cambridge: Harvard Uni. Asia Center.

Rath, Eric(2010), *Food and Fantasy in Early Modern Japan*, Univ. of California Press.

Shively, Donald D.(1964), "Sumptuary Regulation and Status in Early Tokugawa Japan" in *Harvard Journal of Asiatic Studies*, Vol. 25, Harvard-Yenching Institute, 123~164.

찾아보기

[ㅊ]

[ㅎ]